QUOAR

Der zehnte Planet

EPHEMERIDE 1900-2036

Astrologon Verlag Hamburg

Originalausgabe

Astrologon Verlag Hamburg
www.astrologon.com

Lektorat: Sophie Scholz
Umschlaggestaltung: Michael Meyer
Herstellung: Books on Demand GmbH

ISBN 3 – 8311-4740-X

INHALT

Vorwort

Bereits vor vielen Jahren habe ich die Teilnehmer meiner Kurse darauf hingewiesen, dass Pluto nicht der letzte Planet in unserem Sonnensystem ist. Auch im 2001 in den Druck gegangenen Werk „Einweihung in die spirituelle Astrologie“ konnten sie schon lesen, dass unser Sonnensystem noch einen zehnten Planeten hat. Sie finden diese Aussage auf Seite 147 im ersten Absatz und sehen auch auf Seite 45, dass in der Grafik ein zehnter Planet eingezeichnet wurde. Ich bin nicht tiefer auf diesen Punkt eingegangen, weil uns bislang keine Bahnelemente für diesen Himmelskörper bekannt waren, wir also seine Position nicht berechnen konnten. Meine Vorhersage diesbezüglich ist im Grunde keine all zu große Sensation, befindet sich hinter Pluto doch der Kuiper-Gürtel, in dem bislang schon fast 500 Asteroiden entdeckt wurden. Alles Objekte, die wie Planeten unsere Sonne umkreisen, aufgrund ihrer Winzigkeit jedoch nicht als Planeten betrachtet werden. Es ist gut möglich, dass diese Asteroiden einst selbst Teile eines wirklich großen Planeten, jenseits von Neptun, gewesen sind. Denn auch wenn Quaoar von den Astronomen nun in die Reihe der Planeten eingegliedert wird, könnte man ihn durchaus auch als aussergewöhnlich großen Asteroiden betrachten. Doch Quaoars Durchmesser beträgt immerhin schon rund 1250 km. Wenn er auch noch nicht ganz so groß ist wie Pluto, so hebt er sich schon sehr deutlich von den anderen Objekten im Kuiper Gürtel ab!

Warum nun so schnell schon dieses Buch? Was können wir astrologisch zu Quaoar überhaupt schon sagen? Noch nicht so viel, aber immerhin schon mehr als gar nichts! Irgendwie muss man ja schließlich auch anfangen und die erste Grundlage für die astrologische Erforschung eines Himmelskörpers ist selbstverständlich, dass man in der Lage ist seine Position im Horoskop zu berechnen. Mit der Ephemeride in diesem Büchlein können nun alle die ersten Schritte in Sachen Entdeckung von Quaoar machen. Ich selbst bin eigentlich ein Freund der klassischen Astrologieformen und des Jyotish, die weitgehend mit den sieben traditionellen Planeten bis Saturn auskommen, weil sie so eng verwoben sind mit dem geistigen Wissen der Alchemie und diese Lehre quasi aufschlüsseln. Viele westliche Astrologen verstreuen sich gerne in zu vielen unwesentlichen Faktoren. Noch ein Asteroid hier, noch ein fiktiver Planet dort und wenn es immer noch langweilig ist, dann können wir ja zusätzlich ein paar Halbsummenbäumchen berechnen. Schnell ist man zersplittert in tausende von Deutungsfaktoren und verliert den Blick für das Wesentliche. Es soll freilich nichts gegen die verschiedenen Systeme und Deutungsmöglichkeiten gesagt werden, ohne Frage kann man mit entsprechender Erfahrung auch über diese zusätzlichen Wege an Informationen kommen, aber in der Tat habe ich eine ganze Weile überlegt, ob ich für meine Arbeit einen Quaoar überhaupt brauche. Sicherlich nicht zwingendermaßen, aber um ehrlich zu sein möchte ich mittlerweile auch nicht mehr den Informationsschatz missen, den wir den äußeren Planeten Uranus, Neptun und Pluto verdanken! Wenn man bedenkt, dass die Lehren der Astrologie viele tausend Jahre alt sind und weltweit durch die verschiedensten Kulturen hindurch gelehrt wurden, so sind Uranus, Neptun und Pluto wirklich noch recht junge Faktoren der Deutung und doch können wir mittlerweile schon so viel und auch wirklich grundlegendes durch sie in einem Horoskop erkennen. Es ist denkbar, dass in den nächsten Jahren Quaoar eine ähnliche Rolle einnehmen wird. Also kommt man nicht umhin, es packt einen irgendwann doch die Neugier. Deswegen dieses Buch und deswegen möchte ich auch einen Erfahrungsaustausch anregen. Schreiben Sie uns was Sie beobachtet haben. Nehmen Sie über unsere Website www.astrologon.com Kontakt zu uns auf, vielleicht entdecken wir Zusammenhänge. Früher oder später werden wir bei entsprechender Resonanz auch ein Forum auf unseren Webseiten einrichten und den Forschungsinteressierten so eine Möglichkeit des gegenseitigen Austausches geben. Aus den gemeinsamen Erfahrungen lässt sich so dann mit Sicherheit eine Synthese bilden, die uns das Geheimnis dieses Neulings am Himmel nach und nach lüften lässt. Ein erster Grundstock dafür ist hier gemacht. Ich möchte in dieser Einführung nicht den Anspruch erheben die Bedeutung von Quaoar bis in die letzte Tiefe weitergeben zu können. Dafür ist es einfach noch zu früh. Um ein Gefühl für den neuen Planeten zu bekommen, ist hier nicht nur alles Wissenswerte über seine Entdeckung zusammengetragen, wir gehen auch auf die Mythologie der Tongvaindianer ein, welcher der Himmelskörper mit der trockenen, astronomischen Bezeichnung 2002 LM60 seinen Namen verdankt. Eine exakte Aufschlüsselung, was Quaoar im individuellen Horoskop zu bedeuten hat, ist der Zukunft vorbehalten. Ich denke hier befinden wir uns noch im Beobachtungsstadium. Gerade deswegen wäre es interessant wenn die Leser mit dazu beitragen würden möglichst schnell viele individuellen Transiterfahrungen zu analysieren. Sollte Quaoar in Ihrem oder dem Leben eines anderen Horoskopeigners deutlich bestimmte Lebensereignisse widerspiegeln, sprich sein Transit auffallend synchron mit bestimmten Ereignissen verlaufen, so teilen sie diese Information mit uns. Gerne werden wir diese Erfahrungen zusammen tragen.

In dieser Einführung haben wir uns erst einmal auf Mundanaspekte der letzten 100 Jahre konzentriert. Ich werde auf die Konjunktionen von Quaoar mit den äußeren Planeten eingehen und den damit verbundenen Ereignissen der Weltgeschichte. Auch Dies sind nur erste Anregungen aus empirischen Eindrücken, die weniger Anspruch auf Vollständigkeit oder Vollkommenheit stellen, als zum weiter forschen inspirieren sollen.

Michael Meyer

DIE ENTDECKUNG

Am 04.06.2002 wurde im Palomar Observatory in Kalifornien von Herrn Michael Brown und Herrn Chadwick Trujillo eine der größten Beobachtungen seit der Entdeckung Plutos 1930 gemacht. Ein Objekt mit beachtlicher Größe wurde im Kuiper Gürtel hinter Neptun wahrgenommen. Es war ein bislang unbekannter Planet, der mit dem Hubble Space Telescope weiter verfolgt wurde. Herr Trujillo gab dem Objekt mit der astronomischen Bezeichnung 2002 LM60 sofort und spontan den Namen Quaoar, welcher vom Gott der Tongva, einem örtlichen Indianerstamm, kommt. Vorrübergehend trägt der Himmelskörper noch diesen Naman, zumindest solange bis die International Astronomical Union über einen entgültigen Namen beschließt.

Die Entdeckung einer Sache, also auch eines Planeten, ist für den Menschen immer nur zu einer bestimmten Zeit möglich. Wenn keine Anziehung zwischen dem Bewusstsein und dem Objekt der Wahrnehmung besteht, dann bleibt es verborgen. Gerade im Fall von Quaoar ist dies interessant, denn im Grunde hätte er schon viel früher entdeckt werden können. Es hat sich nämlich gezeigt, dass er bereits auf Filmen auftauchte, die 1982 von Charles Kowal gemacht wurden. Kowal entdeckte 1977 den Planetoiden Chiron, doch obwohl Quaoar auf einigen seiner Bilder deutlich zu erkennen war, vermochte Kowal ihn nicht wahrzunehmen. Einige Astronomen können sich diese Fahrlässigkeit nicht erklären und betitelten das Ganze als etwas peinliches Versagen. Fakt jedoch ist, die Zeit für Quaoar war noch nicht reif! ***Man kann nichts sehen oder wahrnehmen, was nicht im eigenen Bewusstseinsfeld als Prinzip existiert.*** Dies ist ein Grund warum Menschen unter Hypnose beispielsweise sehr leicht suggeriert werden kann, dass sie bestimmte Sachen einfach nicht wahrnehmen können. Löscht man ein Prinzip aus dem Bewusstsein, indem man beispielsweise vorgibt die Person sei nun nicht mehr in der Lage rote Gegenstände wahrzunehmen, so wird es einer richtig hypnotisierten Person nicht mehr möglich sein rote Gegenstände zu erkennen. Selbst wenn sie auf einen Tisch mit einem großen roten Kerzenhalter blickt, so vermag sie nicht den Kerzenhalter wahrzunehmen, obwohl rein physikalisch betrachtet, die Augen ihn sehen.

Also bitte Freispruch für Herrn Kowal und herzlichen Glückwunsch an Herrn Trujillo und Herrn Brown. Denn jede Entdeckung hat ihren individuellen Entdecker und vor allem auch ihren ganz besonderen Zeitpunkt und genau diesen sehen wir hier:

QUAOAR DISCOVERY DATA:

June 4, 2002
10:48:08 p.m. Pacific Daylight Time
Oschin telescope, Palomar Observatory, California
116W51:47 33N21:21

Aus Gründen des logischen Gesamtaufbaus werden wir das Horoskop der Entdeckung erst später genau anschauen.

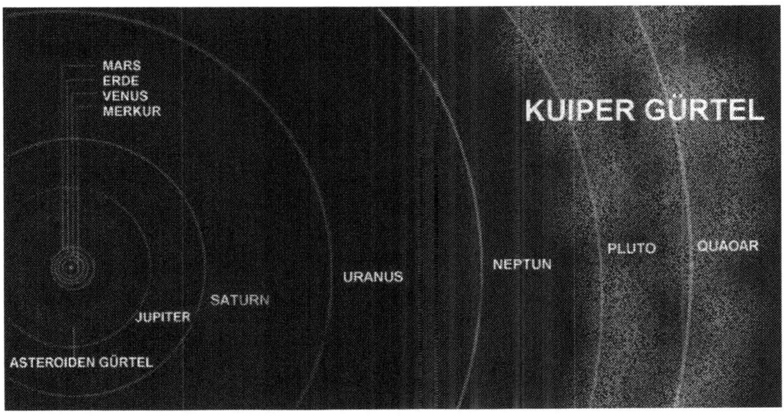

ASTRONOMISCHE FAKTEN

Quaoar ist ähnlich wie Pluto ein Körper, welcher im sogenannten Kuiper Gürtel liegt. Der Kuiper Gürtel ist ein Schwarm von Objekten aus Stein und Eis, die jenseits von Neptun um die Sonne kreisen. Astronomen halten diese Objekte für Überbleibsel einer wirbelnden Scheibe von Trümmern, die abkühlten, um vor ungefähr fünf Billionen Jahren das Sonnensystem zu bilden. Meiner Auffassung nach handelt es sich hier jedoch um die Überreste eines transneptunischen Planeten, der in unserer Vorzeit zerstört wurde, ähnlich wie wir es bei dem Asteroidengürtel zwischen Mars und Jupiter sehen.

Man nimmt an, dass sich noch weitere, größere Objekte in diesem Gürtel befinden. Möglicherweise sogar noch größer als Quaoar und Pluto. Manche Astronomen sind daher der Meinung, dass man diese Körper und auch Pluto nicht als Planeten bezeichnen sollte. Aber immerhin hat Pluto eine eigene Atmosphäre, was ihm streng genommen dann doch die Bewertung als Planet erhalten sollte. Wie auch immer, im astrologischen System hat Pluto auf jeden Fall seinen festen Platz eingenommen und selbst wenn Astronomen ihn nicht als Planeten bezeichnen wollten, so wäre er für die astrologische Deutung deswegen nicht weniger wertvoll.

Bislang wurden einige hundert Objekte im Kuiper Gürtel gesichtet. Quaoar hebt sich jedoch durch seine Größe ab und das ist auch der Grund warum er ein solches Aufsehen erregt hat. Nur um eine Vorstellung zu bekommen bedenke man, laut Michael Brown in BBC News Online, würden die Asteroiden, die bislang von Astronomen nummeriert wurden, zusammengepackt, einen Körper ergeben, der immer noch kleiner als Quaoar wäre!

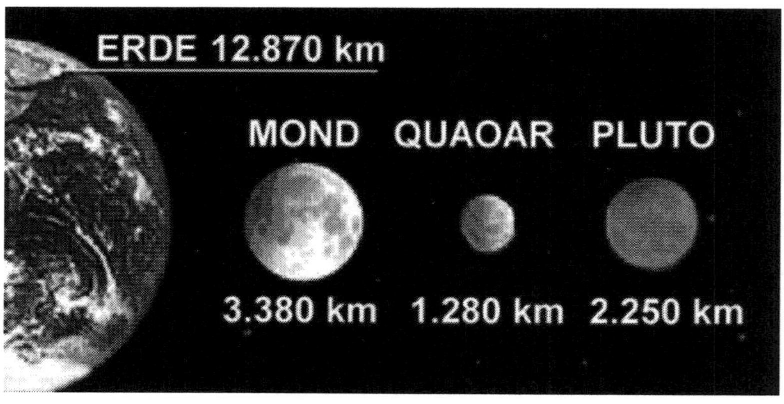

Planet	Quaoar
Durchmesser	1280 km
Anzahl der Monde	0
Abstand zur Sonne	$8{,}13 \times 10^9$ km
Sonnenumlauf	288 Jahre
Bewegung pro Tag	00°01'
Zeit pro Zeichen	24 Jahre

Quaoar ist rund 6.3 Billionen km von der Sonne entfernt, dass entspricht 42 AU (Astrologischen Einheiten). Ein AU ist einmal die Entfernung zwischen Sonne und Erde. Das Licht braucht rund fünft Stunden, um von Quaoar zum Hubble Space Teleskope zu gelangen.

Quaoar ist nun der äußerste Planet unseres Sonnensystems. Wir unterscheiden ja bekanntlich die inneren Planeten Venus und Merkur, weil sie innerhalb der Erdumlaufbahn sind, die äußeren Mars, Jupiter und Saturn weil sie außerhalb der Erdumlaufbahn sind und die transsaturnischen Uranus, Neptun und Pluto, weil sie jenseits von Saturn sind. Die letzten Drei werden auch gerne als transpersonale Planeten bezeichnet, die mehr Generationsaspekte spiegeln und für das individuelle Schicksal nur eine untergeordnete Rolle spielen sollen. Ich sehe allerdings immer wieder, dass sie ganz massiv bei sehr individuellen, sprich persönlichen Ereignissen und Krisen beteiligt sind. Wir sehen dies insbesondere dann wenn Radixpositionen in der Konjunktion oder der Opposition, aber auch im Quadrat, transitiert werden. Hier liegt nun auch die Chance relativ schnell die astrologische Bedeutung von Quaoar herauszuarbeiten. Die erste Arbeit, die wir deswegen tun sollten, ist selbstverständlich unser eigenes Horoskop einmal auf die Zeiten zu kontrollieren, zu denen Quaoar entsprechende Aspekte zu den Radixfaktoren gemacht hat und einmal Revue passieren zu lassen, was uns zu diesen Zeiten widerfahren ist. Wenn wir auf diese Art vorgehen, dann können wir nach und nach den Einfluss herausspüren! Insbesondere die Transitierung der Hauptachsen sollte uns interessante Informationen bieten. Was war als Quaoar am IC stand, am DC am MC oder am AC. Die entsprechenden Themen der jeweiligen kardinalen Häuser sollten, den astrologischen Regeln nach, spürbar beeinflusst worden sein. Da nun jedoch anzunehmen ist, dass die meisten Leser noch keine 288 Jahre alt sind, wird natürlich höchstens einer dieser Aspekte im Leben zustande gekommen sein, in einigen Fällen vielleicht noch nicht einmal das. Leider dauert es etwas länger bei einem so langsam laufenden Planeten wie Quaoar herauszufinden welche Einflüsse direkt von ihm ausgehen und welche nur ein Resultat der Hintergrundinformationen aus den entsprechenden Graden des Tierkreiszeichens sind. Natürlich können auch die Transite zu den Radixplaneten sehr wichtige Schlüsse über den Einfluss Quaoars geben. Hier werden sich mit Sicherheit, in der Vergangenheit der meisten Leser, im Horoskop mindestens zwei bis drei interessante Aspekte gebildet haben.

Aber es hilft nichts, man wird über sein eigenes Horoskop hinausgehen und Horoskope weiterer Personen untersuchen müssen. Gerade älterer Leute und historischer Persönlichkeiten, die markante Positionen von Quaoar im Geburtshoroskop haben sind sehr interessant, da nur diese Quaoar in anderen Zeichen stehen haben, als die Vertreter unserer eigenen Generation. Mit der Zeit werden sich dann die entsprechenden Charaktermerkmale und Entsprechungen herausarbeiten lassen, die von diesem neuen Deutungsfaktor ausgehen. Also frisch ans Werk, bei Pluto haben wir es ja auch geschafft.

DIE TONGVA

Der Name Quaoar stammt aus den Schöpfungsmythen der Tongva Indianer. Tongva bedeutet in unserer Sprache so viel wie: „*Die Leute der Erde*".

Tongvas gab es im gesamten Los Angeles Becken und auf den Inseln von Santa Catalina, San Nicholas, San Clemente, und Santa Barbara. Vom Topanga Canyon bis zu Laguna Beach, von den San Gabriel Bergen bis zum See lebten sie überall in der heutigen Gegend von Los Angeles und Orange Countie. Bis zu den ersten Kontakten der Tongva mit Europäern lebten sie in dieser Gegend ungestört. Die Vorfahren der Tongvas waren die Leute, welche die bemerkenswerten Brettkanus ruderten, um 1542 den großen spanischen Entdecker Juan Rodriquez Cabillo zu begrüßen, als er in den Häfen von Santa Catalina und San Pedro ankam. Cabillo lehnte jedoch ihre Einladungen ab, an Land zu kommen und sie zu besuchen. Trotz des Einfalls der Europäer sind die Tongvas immer noch ein integraler Teil der Gemeinschaft Süd Kaliforniens. Es heißt, dass alle Tongva Tänzer seien, weil dem Tanz in ihrer Kultur eine so hohe Bedeutung zugewiesen wird. Er gilt als ein ritualistischer Weg, um Harmonie mit der Natur zu erlangen, Widrigkeiten zu beschwichtigen, Ereignisse zu Feiern und Tragödien zu überwinden. Außerdem ist er ein wichtiges Mittel des Selbstausdruckes und der Initiation. Die heutigen Tongva Tänzer sind sehr engagiert die Sprache, Kultur und die Zeremonien der Tongvas weiter zu beleben und zu erhalten.

MYTHOLOGY

Betrachten wir uns die Mythologie der Tongva, so wird uns sofort ihre enge Beziehung zum Tanz bewusst. Makr Acuna, ein Tongva, Tänzer und Stammesältester der heute lebenden Tongvas beschreibt die Mythologie von Quaoar wie folgt:

Quaoar, ist die große immaterielle Kraft der Schöpfung, er singt und tanzt die großen Gottheiten ins Sein. Auch wenn Quaoar keine Form und kein Geschlecht hat, wird er meist mit männlichen Artikeln umschrieben.

Er tanzt und singt zuerst "Weywot", welcher der Vater des Himmels wird, zusammen singen sie "Chehooit" Mutter Erde ins Sein. Die Drei singen dann „Tamit" Großvater Sonne ins Leben.

"Während jeder Gott nach seiner Erschaffung in das Singen und Tanzen einstimmt, wird das Lied immer komplexer und der Tanz komplizierter. Nach und nach werden so „Moar", Großmutter Mond, „Pamit" die Göttin der See, „Manit", der Herr der Träume und Visionen, „Manisar" der Spender von Nahrung und Ernte, „Tukupar Itar" der Himmels Coyote und „Tolmalok", die Göttin der Unterwelt erschaffen und stimmen ins Singen, Tanzen und Erschaffen ein.

Und am Schluss sind die sieben Giganten, welche die Welt erhalten, erschaffen. Die hohen Gottheiten werden unterstützt durch „Adler, Ente, Bär, und Frosch. Der Frosch bringt Erde aus den tiefen dunklen See und die vier Tiere tanzen diese Erde flach und weit.

Die Götter und Göttinen überziehen die Welt Tovangar mit Hügeln, Bergen, Bäumen, Flüssen, usw. „Tobohar", der erste Mann und „Pahavit" die erste Frau sind ebenso Teile dieses großartigem Schöpfungsliedes und Tanzkreises.

Wenn die Tongva auch andere, eher schamanische Symbole benutzten, so zeigt sich doch, dass sie im Grunde die gleichen Kräfte erkannt und verehrt haben, wie die Hermetiker oder die indischen Rishis. Am Anfang werden Vater Himmel und Mutter Erde erschaffen. Angefangen mit der „Tamit“ der Sonne folgen dann die Gottheiten der sieben Planetenprinzipien. „Moar“ Mond, Pamit Jupiter, „Manit“ Mars, Manisar Venus, Tukpar Itar - Merkur, Tolmalok Saturn. Die hohen Gottheiten werden unterstützt, so heißt es, von vier Tieren: Adler, Ente, Bär und Frosch. Dies sind die vier Urelemente Feuer, Luft, Erde und Wasser. Der Adler steht für das Feuer, die Ente für die Luft, der Bär für die Erde und der Frosch für das Wasser.

Himmel und Erde sind gleichzusetzen mit Geist und Materie. In den vedischen Lehren kennen wir Purusha (Geist) und Prakriti (Materie). Es ist erstaunlich wie sich dieses Urwissen durch die Mythen aller Völker dieser Welt zieht. So viele Symbole und doch nur ein Schlüssel.

Doch wenn dies alles der Mythos Quaoars ist, wer ist dann Quaoar selbst? Er gilt als immaterielle, transzendentale Kraft, welche die Schöpfung beginnt. Demnach wäre er gleichzusetzen mit dem Brahman der Hindus. Dem alldurchdringenden Bewusstsein, welches die Grundlage für alles ist und aus dem alles hervorgeht. Dieses Brahman ist der unpersönliche Aspekt Gottes. Doch Brahman ist stets unveränderlich, Quaoar hingegen singt und tanzt, er hat damit bereits den ersten Schritt in die relative Welt getan, wenn er selbst auch transzendent sein soll. Er ist aktiv, um etwas zu erschaffen. Somit wäre er wiederum besser zu vergleichen mit dem schöpferischen Aspekt Gottes, der in der vedischen Philosophie mit Brahma (ohne n) bezeichnet wird. Die impulsgebende Kraft, welche die immateriellen Vorstellungen und Pläne in die physische Wirklichkeit bringt.

EIN SYMBOL FÜR QUAOAR

Ein neuer Planet, braucht ein neues Symbol. Alle astrologischen Symbole setzten sich aus drei Grundsymbolen zusammen. Hierzu gebe ich an dieser Stelle einen Auszug aus dem Buch: *Einweihung in die spirituelle Astrologie wider von Eron.*

BEDEUTUNG DER PLANETENSYMBOLE

Die Symbole der einzelnen Planeten setzen sich aus drei Grundelementen zusammen. Diese sind Kreis, Halbkreis und Kreuz. Sie stehen für Geist, Seele und Körper. Durch diese Ursymbolen werden, durch verschiedene Kombinationen, die wesentlichen Eigenschaften der einzelnen Planeten ausgedrückt.

Erst in der Neuzeit kam zu diesen Symbolen der Pfeil hinzu, wie wir ihn bei Mars und Uranus sehen. Er ist ein durchaus sinnvoller Ausdruck für Impulskraft. Ich beschreibe jedoch hier die altertümliche und ursprüngliche Form wie die Symbole der traditionellen sieben Planeten bis Saturn aufgebaut sind.

Das Symbol der Sonne ist der Kreis mit einem Punkt in der Mitte, oder ein sehr kleiner Kreis im Kreis. Das Wesen der Sonne ist reiner Geist. Daher ist ihr Symbol nur aus dem Kreis aufgebaut.

Das Wesen des Mondes ist die reinen Seele. Daher finden wir in seinem Symbol nur den Halbkreis.

Merkur ist das erste zusammengesetzte Symbol. Er enthält gleich alle drei Elemente. Die Schale der Seele liegt auf dem Kreis des Geistes, welcher über dem Kreuz der Materie steht. Die Bedeutung von Merkurs Wesen ist, der Geist verbindet die Seele mit dem Körper. Er ist der Vermittler.

Das Wesen von Venus ist die Herrschaft des Geistes über die Materie. Venus erfreut sich an der Materie, will sie verschönern und sich in ihr Fortpflanzen. Der Geist befruchtet die Materie.

Mars in seiner alten Darstellungsform. Hier lastet die Materie auf dem Geist, wird als Hindernis wahrgenommen, so dass der Geist sie bekämpfen und besiegen will.

Jupiter zeigt die Herrschaft der Seele über die Materie. Die Seele segnet die Materie. Das Gefühl hat Macht über das Körperliche.

Das Wesen des Saturns ist die Herrschaft der Materie über die Seele. Wir sehen das Kreuz der Materie belastet die Seele. Hier wird das Geschaffene zum Schöpfer erhoben und es kommt zu einer Verwirrung, die Schöpfung und ihre Ursache miteinander verwechselt.

Welches Symbol entspricht Quaoar nun am besten. Als transzendentale Kraft wäre eigentlich ein symbolloses Symbol das beste, aber nicht gerade unserer Orientierung dienlich. Sicherlich kommt der Kreis seinem Wesen sehr nahe. Quaoar als immaterielle Urkraft des Seins, ist im Prinzip reiner, schöpferischer Geist.

Wollen wir beim oben beschriebenen Schöpfungsmythos bleiben, so könnte sein Symbol der schlichte Kreis sein. Quaoar als schöpfender Gott jedoch hebt sich vom homogenen, alldurchdringenden Bewusstsein bereits ab, denn er handelt. Er singt und tanzt und bringt dadurch das unsichtbare in Erscheinung, er manifestiert die Schöpfung. Das bedeutet Geist wird verdichtet und kondensiert in der Materie. Aus dem unmanifesten Urgrund wird durch den Geist eine bestimmte Form der Welt erschaffen. Der Urgrund wird von alters her durch das Zeichen Krebs und den Mond symbolisiert. Interessant ist in diesem Zusammenhang auch die, im Entdeckungshoroskop Quaoars beschriebene, Rezeption zwischen Mars und Mond, auf die wir noch zu sprechen kommen. Die Weichheit und die Berührung mit dem Urgrund des Seins durch das Zeichen Krebs und die Impulskraft, die verändernd in die Aussenwelt eingreifen will, aus dem Widder. Dies passt sehr gut zu dem was wir über Quaoar bislang wissen. Denn er ist ja ein immaterieller Schöpfergott, der aus dem Urgrund heraus Handelt und erschafft. Dies können wir mit den astrologischen Ursymbolen jetzt wie folgt ausdrücken:

Wir haben hier quasi einen umgedrehten Merkur. Dies macht von der Symbolik durchaus Sinn. Merkur ist die von der materiellen Schwerfälligkeit gelöste, geistige Flexibilität, die alles analysieren und die Materie am liebsten bis auf die Atome zerlegen will, um zu verstehen wie alles zusammenhängt. Unbeständig wie der Wind schweift Merkurs Energie umher. Quaoar hingegen geht den umgekehrten Weg. Er verdichtet das geistige in die konkrete, materielle Form und lässt es zum Teil unserer wahrnehmbaren Wirklichkeit werden. Er dürfte ein guter Freund Saturns sein. Wärend jedoch Saturn den bereits erstarrten Zustand beherrscht, regiert Quaoar über den Vorgang der Materialisation an sich.

Den Tanz des Erschaffens. Wir könnten uns auch der modernen Symbolgebung, mit einem Pfeil, anschließen.

Diese Schreibweise nimmt ein wenig den Eindruck, Quaoar könnte Geist und Seele belasten oder darin gefangen sein, da das Kreuz über ihnen steht. Denn er ist ja ein übergeordneter Gott. Um der Differenzierung der astrologischen Symbolik gerecht zu werden, ist die Schreibweise mit dem Pfeil durchaus sinnvoll. Bleierne Schweregefühle der geistigen und seelischen Stagnation bleiben weiterhin dem Saturn überlassen. Eine derartige Wirkung konnte ich bislang bei Quaoar auch nicht feststellen. Wie ich Quaoar beobachten konnte, ist er eine sehr segensreiche Energie, die mehr mit dem Gelingen und Verwirklichen von Vorstellung und Plänen zu tun hat. Gehen wir nun zur weiteren Ergründung seiner astrologischen Bedeutung über.

Die Tabula Smaragdina
Heinrich Khunrath, Amphitheatrum sapientiae aeternae, Hannover 1606

DIE ASTROLOGISCHE BEDEUTUNG

Quaoar ist ein wundervolles Stück schamanischer Mythologie. Eine Kraft wie Quaoar darf jedoch nicht auf das Körperliche oder gar einen kleinen Eis- und Gesteinsbrocken beschränkt werden, der am Rande unseres Sonnensystems herumschwirrt. Dies widerspräche ja ihrer eigenen Grundnatur! Auch leuchtet es nicht ganz ein, dass gerade ein Körper, der mit als letztes in den äußeren Sphären unseres Sonnensystems, dem Kuiper Gürtel, entstanden und erkaltet ist, die Entsprechung für die Kraft der ersten Ursache darstellen soll. Aber wir wissen, dass alles was zu einer bestimmten Zeit passiert, auch seine bestimmte Bedeutung hat. Und wenn dem Entdecker im Augenblick der Entdeckung ausgerechnet der Schöpfungsmythos des Quaoar einfällt und er das Bedürfnis hat diesen Himmelskörper so zu nennen, so gibt es einen engen Bezug zwischen Bewusstsein und der Qualität, die hier durch die Wahrnehmung dieses Himmelskörpers ausgedrückt wird.

Vielleicht sollten wir vielmehr den Schöpfungsmythos als solchen in den Mittelpunkt stellen. Quaoar singt und tanzt die Schöpfung. Jeder der schon einmal gesungen oder getanzt hat, kennt diesen Zustand der Entgrenzung, der dabei entstehen kann. Bei vielen Naturvölkern spielt der Tanz eine große Rolle. Sie tanzen sich in Trance und in Extase und betreten dadurch höhere Ebenen des Bewusstseins. Wir haben diesen Effekt der Entgrenzung ja bei allen äußeren Planeten. Neptun verwischt die Grenzen des Gewohnten und führt uns auf eine sehr sanfte Art in das Reich der Fantasie, oft auch der Täuschung, er fasziniert und irritiert uns mit Glimmer und Scheinwelten. Uranus sprengt energisch festgefahrene Strukturen auf und Pluto schließlich transformiert das Seiende, wenn man so will, schwitzend im eigenen Saft, in einen neuen Zustand. Was tut dann Quaoar? Quaoar bringt wiederum eine neue Facette höheren Bewusstseins ins Spiel. Er bringt das Neue als Segen, er manifestiert aus dem

Nichts. Eigentlich sind dies sonnenhafte Qualitäten, doch während die Sonne aus dem Zentrum des individuellen Selbst heraus erschafft, schöpft Quaoar aus dem allumfassenden Sein. Also nicht von innen nach außen, sondern von außen nach innen. Er könnte somit auch als die Energie höchster Inspiration betrachtet werden. Die Öffnung zu einem höheren Bewusstsein, welches in der Welt ausgedrückt werden will. Quaoar ist nicht so verwaschen und verträumt wie Neptun, er hat auch nicht das Explosive des Uranus, welches quasi gewaltsam die alte Ordnung durchbrechen und umstürzen will, auch transformiert er nicht aus dem Innersten heraus wie Pluto es tut. Er kommt als Segen aus der Unendlichkeit von außen herbei und gibt uns das was fehlt, er erschafft eine Symphonie des Neuen. Eine in sich abgeschlossene Schöpfung, in die alle Kräfte mit einstimmen. Wenn wir dieses Bild auf verschiedene Entsprechungsebenen projektieren, so wird uns klar auf welche Art Quaoar eine Rolle spielen könnte.

Sein Aspekt als geschlechtloser, schöpfender Gott ist in dieser Hinsicht sehr interessant. Er kann den Künstler darstellen, der durch die Segnung mit Inspiration gar nicht anders kann, als sich durch seine Kunst auszudrücken. Ein Künstler erschafft Neues. Er kann den Selfmademan verkörpern, der mit nichts weiter als seiner Idee aus dem Nichts heraus unvorstellbare Projekte verwirklicht.

Im individuellen Leben eines Jeden könnte er den Punkt im Horoskop anzeigen, wo wir die Fähigkeit haben diesen Segen der heilbringenden Inspiration zu empfangen. Er könnte ein immaterielles Geschenk des Schicksals sein, in Form einer neuen Erkenntnis, die unser Leben grundlegend verändert. Oder eine Veränderung, die uns in einen neuen Lebensabschnitt führt. Er kann die Erfüllung eines lang ersehnten Wunsches sein, die Verwirklichung einer Idee oder eines Planes, den wir schon lange im Hinterkopf hatten. Vielleicht fehlten uns noch ein paar wichtige Informationen zur Umsetzung oder ein bestimmter Kontakt. Quaoar bringt uns in

Verbindung mit Dem was fehlte und lässt die Vorstellung in die Ebene der wahrnehmbaren Wirklichkeit vordringen.

Er scheint auch eine Befreiungsfunktion zu haben. Die Befreiung von Energie erzeugt das schöpferische, aus dem das neue Entsteht. Man kann in Quaoar eine Art Tür sehen, um zu diesem absoluten Sein vorzudringen, welches durch ihn zum Ausdruck kommt. Er könnte sich auch als ein spiritueller Lehrer zeigen, der uns durch die Öffnung unseres Bewusstseins zu neuen Handlungen inspiriert. So könnte er sich als ein wesentliches Element reiner Spiritualität erweisen. In unserem Horoskop könnte er zeigen, wo wir unsere persönliche Tür finden, um diese Ebene der Raumzeit zu verlassen und ins jenseitige, absolute Sein einzutreten.

Betrachten wir uns die historische Konstellationen von Quaoar der letzten 100 Jahre mit den anderen, langsam laufenden Planeten, so sehen wir, dass er tatsächlich maßgeblich beteiligt war bei grundlegenden Prozessen der Veränderung. Die Rolle als Befreier wird in seinem Mythos vielleicht nicht direkt angesprochen, ist jedoch eine logische Konsequenz seiner Struktur und energetischen Funktion, wenn wir das dargestellte Prinzip des Schöpfergottes anerkennen. Das Materialisieren einer Welt setzt auch das wieder Auflösen voraus. Wer einatmet, muss auch ausatmen. Das Kondensieren bestimmter Prinzipien und Energien führt dazu, dass diese früher oder später zu ihrem Ursprung zurück aufgelöst werden müssen.

In der Weltgeschichte sehen wir anhand seiner Zyklen mit den anderen Planeten, dass Quaoar offensichtlich genau dies tut, er polt Energien um! Dort wo etwas zu lange aufgestaut wurde, wird es durch seine Berührung befreit, indem es sich endlich in einem neuen Zustand materialisieren kann. Sicherlich liegt dies in der Natur der Sache, wenn wir ihn als Punkt der Verwirklichung betrachten. Quaoar der Schöpfer verwirklicht, bzw. erschafft einen neuen Zustand wo es notwendig ist! Ich würde nach allem was ich bisher beobachten konnte folgende Schlüsselworte zuordenen:

	Sieg, Manifestation des lang Ersehnten, Umsetzung und Verwirklichung von Plänen, Inspiration, der Glanz des Neuen, Kreativität, weltliche Macht, im harmonischen Fluß sein, ein Kunstwerk erschaffen, eine neue Wirklichkeit formen

Kommen wir nun nach so viel Theorie zu den ersten praktischen Gehversuchen und Beobachtungen. Quaoar braucht 288 Jahre für einen vollen Zyklus. Damit sind seine Aspekte prägend für sehr grundlegende, langfristige Einflüsse. Insbesondere die Aspekte zu den anderen langsamen Planeten sind hier interessant, denn ganze Generationen werden von ihnen beeinflusst. Betrachten wir uns einmal die Einflüsse der letzten 100 Jahre. In diesem Zeitraum kam es zu folgenden Konjunktionen:

Zeit um den	Ort	Aspekt
19.08.1919	0°26’ VI	QU kon SA
30.10.1939	24°33’ VI	QU kon NE
28.10.1951	8°56’ LI	QU kon SA
17.11.1976	8°40’SC	QU kon UR
03.11..1984	18°06’ LI	QU kon SA
30.12.1994	29°31’ SC	QU kon PL

Im Folgenden schauen wir uns Schlüsselereignisse an, die stattgefunden haben, als diese oben aufgelisteten Aspekte genau waren.

🝾 ☌ ♄ 0°26' ♍

1919 gab es die erste Konjunktion des 20. Jahrhunderts zwischen Quaoar und Saturn. Der erste Weltkrieg war gerade vorbei und es war weltweit eine Zeit grundlegender Veränderungen und Umstrukturierung. Der Geist des Neuen in Bezug auf Gesetzgebung und das Verhältnis zu übergeordneter, staatlicher Authorität (Saturn), sowie der regulierenden Ordnung (Jungfrau) wurde von Quaoar quasi völlig neu erschaffen. Hier greifen die Schlüsselworte: Manifestation des lang Ersehnten und Verwirklichung von Plänen. Im ersten Grad des Zeichens Jungfrau ist alles noch recht pionierhaft. Die Zeit des Wiederaufbaus, es ist aber auch die Zeit des Versailler Vertrages! Saturns Prinzip war die Jahre zuvor durch den Krieg in der Welt geschwächt. Es konnte sich nur in seiner negativen, hemmenden und begrenzenden Form manifesteren. Es herrschte Chaos. Mit der Konjunktion Quaoars konnte Saturn neu manifestiert werden, in einer veränderten Ordnung. Natürlich wäre es Augenwischerei nun behaupten zu wollen, alles sei auf einmal Friede, Freude, Eierkuchen gewesen. Gerade mit den Bedingungen des Versailler Vertrages waren nicht alle zufrieden. Zumindest jedoch herrschte wieder Frieden und man wendete sich, nach einer Zeit der Zerstörung, dem Wiederaufbau zu. Die Zeit dieser Konjunktion war also ein wichtiger Wendepunkt im Bezug auf die saturnischen Qualitäten.

Preis 10 Pfennig — Extra-Ausgabe. — Preis 10 Pfennig

Berliner Lokal-Anzeiger

Weitere Bestimmungen des Friedensvertrages.

(oben) Kritik am Vertrag
Anzeiger vom 08.05.1919

🝾 ☌ ♆ 24°33' ♍

1939 Fast zeitgleich mit der genauwerdenden Konjunktion zwischen Quaoar und Neptun beginnt Adolf Hilter den zweite Weltkrieg. Neptuns Kunst ist die Verschleierung und die Täuschung. Die meisten Deutschen dachten seinerzeit noch es ginge nur darum das „Unrecht von Versailles“ zu tilgen. Aber ähnlich wie in unserer gegenwärtigen Weltpolitik viele Tatsachen verschleiert und umgangen werden und man das Volk in die Irre führt, so gingen auch Hitlers Ziele weit über das hinaus, was das Volk dachte. Er wollte die Eroberung Osteuropas und die Ausrottung der Juden. Täuschung und Falschheit waren hier als negative, neptunische Eigenschaften freigesetzt worden. Der Krieg begann gleich mit der ersten Lüge, Deutschland würde angegriffen. Hitler hatte schon Jahre zuvor seine Absichten diesbezüglich kundgetan, so dass hier das Schlüsselwort: Umsetzung und Verwirklichung von Plänen greift. Quaoar wertet diesbezüglich nicht, er bringt das zum Vorschein, was vorher gedacht, geplant und gewünscht wurde. Dies war der Zeitpunkt zu dem Hitler das Chaos des zweiten Weltkrieges und seine irregeleiteten Ideologien manifestieren konnte.

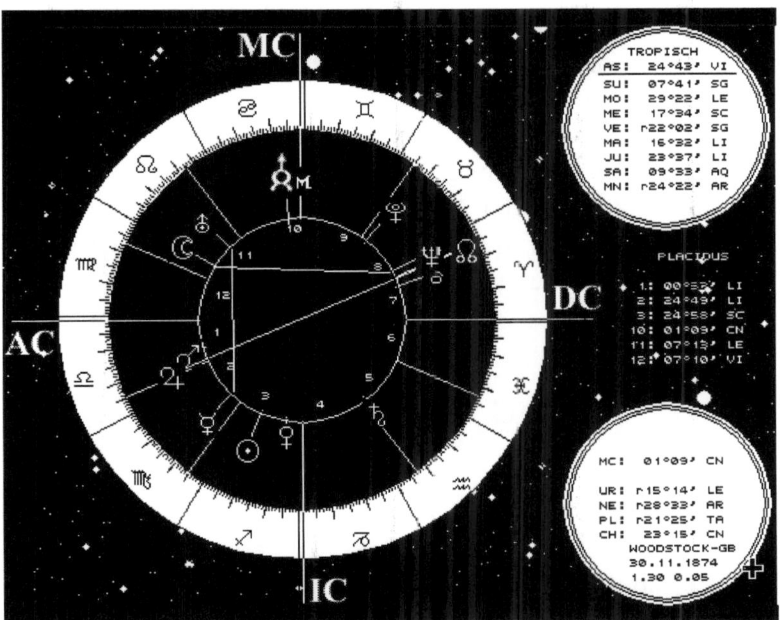

Radix: Windsond Churchill

🝾 ☌ ♄ 8°56' ♎

1951 wird die zweite Konjunktion zwischen Quaoar und Saturn in diesem Jahrhundert Ende Oktober gradgenau. Es ist um exakt zu sein der 25.Oktober an dem Wahlen die Basis für einen weltweit grundlegenden Einfluss legen. Winston Churchill, mythenumrankter Kriegspremier, wurde wieder Regierungschef. Churchills konservative Regierung brachte in den nächsten vier Jahren den zerrütteten Staatshaushalt wieder in Ordnung. Außerdem setzte er sich für eine friedliche Beendigung des Ost-West- Konfliktes ein. Wir sehen durchaus eine gewisse thematische Ähnlichkeit zur vorherigen Quaoar-Saturn-Konjunktion 1919. Auch hier wieder wurde Saturn in Form einer neuen Ordnung, neu manifestiert.

Churchills Horoskop weist einige interessante Transitberührungen zum Zeitpunkt seines Amtsantritts auf. Quaoar transitiert das erste Haus im Zeichen Waage und wirft einen gradgenauen Aspekt zu Churchills Radix-Saturn, sowie ein genaues Sextil zur Sonne. Somit war er ein ideales Medium, um diese Energien der Veränderung in der Welt umzusetzen. Auch drücken sich für ihn als Person sehr schön die Schlüsselworte: Sieg und weltliche Macht aus.

1976 Die Erfahrung hat gezeigt, dass Uranus mit High-Tech und der Luft- und Raumfahrt in Verbindung steht. Bei Flugzeugunglücken ist er häufig beteiligt. Die Konjunktion von Quaoar mit Uranus bringt eine wirklich grundlegende Revolution im Bezug auf die Raumfahrt. Vor 1000 geladenen Gästen, darunter hohe Regierungsvertreter, Aerospace-Führungskräfte und der Presse, wurde genau zum Zeitpunkt dieser Konjunktion im Rockwell-Werk Palmadale das erste Exemplar OV-101 der Space Shuttle aus der Montagehalle gerollt. Dies war eine Reform für die Raumfahrt, denn ab jetzt war es möglich Raumfahrzeuge mehrfach einzusetzen. Ein Ereignis dem absolut der Glanz des Neuen anhaftete.

Weltpolitisch fällt die Versammlung der NATO Nuclear Planning Group auf, die sich aus den Verteidigungsministern von acht Ländern der NATO zusammen setzte. Die Minister erhielten Anweisung die sich auf den Einsatz von Atomwaffen in der Verteidigung der Allianz bezogen.

Ebenfalls gab es bei der genauen Konjunktion eine Versammlung des CMD. Den Original Ablaufplan sehen sie weiter unten:

Meeting of the CMD, Sofia, 10-11 November 1976

.Tagesordnung:

1. "Wichtigste Entwicklungsrichtungen und Zustand der NATO-Streitkräfte in der Westlichen und Südwestlichen Richtung" (Vortrag)

(T. Gregori, Hauptstab der Nationalen Volksarmee der DDR / Chef Aufklärung)

"Wichtigste Entwicklungsrichtungen und Zustand der NATO-Streitkräfte in der Westlichen und Südwestlichen Richtung" (Vortrag)

(S. Zikulow, Stv. Chef des Generalstabes der VR Bulgarien / Chef Aufklärung)

2. "Vereinheitlichung und Standardisierung der Erzeugnisse der Militärtechnik des Warschauers Vertrages" (Thesen)
(I.A. Fabrikow, Chef des Technischen Komitees der Vereinten Streitkräfte / Stv. Oberkommandierender der Vereinten Streitkräfte für Bewaffnung)

3. "Festlegung der Schlussakte der Konferenz über Sicherheit und Zusammenarbeit in Europa, die die vorherige Ankündigung militärischer Übungen und den Austausch von Beobachtern betreffen" (Thesen)
(M.M. Koslow, 1. Stv. Chef des Generalstabes der UdSSR)

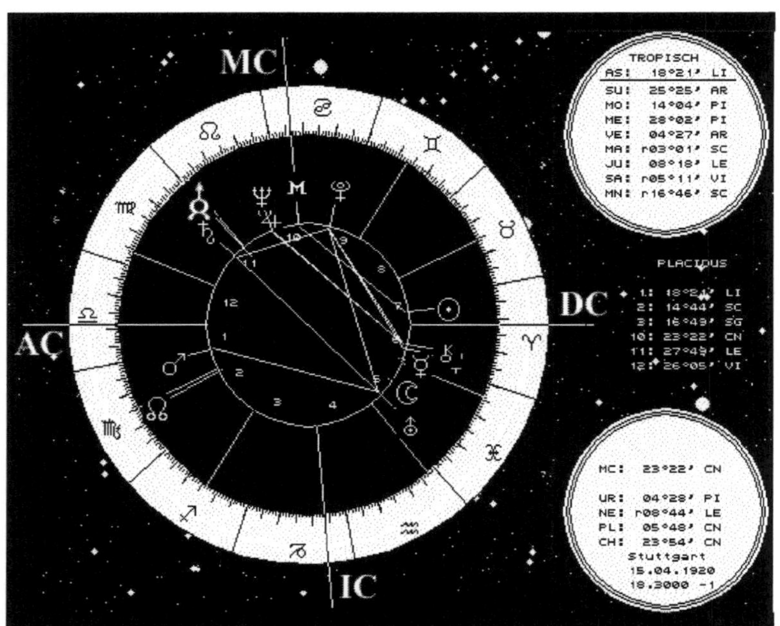

Radix: Richard von Weizsäcker

☌ ♄ 18°06’ ♎

1984 Richard von Weizsäcker wird als Nachfolger von Karl Carstens Bundespräsident der BRD. Weizäcker ist Schirmherr der Welthungerhilfe und kümmert sich engagiert um Probleme der Entwicklungsländer. Er beschäftig sich mit weltweiten Themen der Arbeitslosigkeit, Umweltschutz und der Unterbeschäftigung, sowie der Integration von Randgruppen. Insbesondere setzt er sich jedoch für eine Aussöhnung mit dem Ostblock ein. Er regt Gespräche mit der DDR an und plädiert dafür die Reformprozesse von Michail Gorbatschow ernst zu nehmen. Damit war er einer der Vorbereiter der Wiedervereinigung! Er war somit eine wichtige Energie für diese sehr grundlegenden, weltpolitischen Veränderungen, der in jedem Fall wieder die Thematik einer Quaoar-Saturn-Konjunktion anhaftet, wie wir sie in den beiden vorherigen Fällen gesehen haben. Auch hier wurde durch ihn ein von vielen Menschen lang ersehnter Zustand endlich Wirklichkeit und materialisierte sich im konkreten Sein.

Dies ist besonders bemerkenswert, da Quaoar zum Amtsantritt von Weizäckers eine gradgenaue Konjunktion zu seinem Aszendenten machte! Genau wie bei Churchill transitiert Quaoar damit zum Zeitpunkt des Amtsantritts das erste Haus und schenkt ihm persönlich Einfluß und weltliche Macht. Weizsäcker wird zu einem Medium der harmonisierenden und neuordnenden Energie Quaoars.

1994 Nelson Mandela wird Präsident. Dies ist ein großer Zeitpunkt in der Geschichte Afrikas und es ist ein interessanter Aspekt, der dies spiegelt. Pluto ist wohl der Planet der am deutlichsten für Unterdrückung und Apartheit steht. Zu diesem Zeitpunkt wird er von Quaoar berührt und manifestiert sich komplett neu. Er wird befreit. Die aufgestaute Diskriminierung verwandelt sich nun in den endgültigen Sieg für Mandela und Afrika. Ein wichtiger Schritt gegen den Rassenhass dank dieses großen rechtschaffenden Mannes.

Wenn die oben genannten Transite auch noch keinen endgültigen Beweis zulassen, dass Quaoar immer auf diese Art wirkt, so scheint sich doch schon ein wenig ein Bild herauszukristallisieren. In diesem Zusammenhang wird die Beobachtung der derzeitigen politischen Entwicklungen hochinteressant werden, denn ab Dezember 2005 wird Quaoar den Aszendenten der USA überschreiten. Auch die Restkonstellationen lassen ja schon einen ausgleichenden Einfluß in diesem Zeitraum erkennen, wie ich ja bereits in meiner USA-Prognose in: „Gesetze des Chaos“ angedeutet habe. Wollen wir hoffen, dass dann weisere Köpfe regieren.

QUAORS ZEIT IN DEN ZEICHEN

Quaoar braucht für ein Zeichen rund 24 Jahre. Sein Transit durch die Zeichen ist begleitet von einem großen Stück Weltgeschichte. Ich möchte dies richtig verstanden wissen, es geht hier nicht darum anzudeuten dass Quaoar in irgendeiner Weise mit der Verursachung der aufgezählten Ereignisse zu tun hat. Wenn auch manche Ereignisse sehr gut zum Prinzip des Zeichens passen, in welchem er stand, bleibt es doch weiteren Analysen überlassen, zu ermitteln welche Art von Ereignissen er, auf welche Art genau, auslöst. Es geht hier viel mehr darum, dass der Leser ein Gefühl für die Zeitdimension entwickeln kann, in welcher Quaoar wirkt. Dafür ist es oft ganz hilfreich sich derartige historische Ereignisse zu vergegenwärtigen und sie mit der Stellung des Planeten in Verbindung zu bringen. Kommen wir dann in Berührung mit anderen Informationen aus dieser Zeit, so werden wir uns sofort an die Zeichenstellung erinnern und bekommen nach und nach ein Gefühl für die Färbung die bestimmte Planetenkonstellationen ihrer Zeit geben. Wenn sie wollen können sie die Liste noch weiter vervollständigen. Dies hier kann natürlich nur ein Ausschnitt relevanter Ereignisse im Weltgeschehen sein. Möglicherweise interessieren Sie auch nicht alle Punkte gleichermaßen. Ersetzten Sie dann ruhig Informationen durch Geschehnisse, die Ihnen interessanter erscheinen. Auf die Art schaffen Sie sich ein kleines mnemotechnisches System, mit dem sie die Stellungen von Quaoar inetwa auswendig lernen können.

♅ im Steinbock 1726 – 1750

- Die Forderung nach Abschaffung der Sklaverei wird von den Quäkern erhoben. (1727-1730)
- Der englische Physiker Stephan Gray kommt bei seinen Forschungen über Elektrizität zur Unterscheidung von elektrischen Leitern und Nichtleitern. (1729)
- In Hamburg bildet sich die erste deutsche Freimaurerloge. (1733 - 1735)
- Mathematiker Pierre Louis Mauperuis findet das Prinzip der kleinsten Wirkung in der Mechanik (1740 - 1758)
- Voltaire schreibt die Tragödie „Mahomet". (1742)
- James Bradley entdeckt die Schwankung der Erdachse. (1747)
- Der russische Naturwissenschaftler Michail Lomonossow findet das Gesetz der Massenerhaltung bei chemischen Prozessen. (1748)

♅ im Wassermann 1750 – 1774

- Wolfgang Amadeus Mozart unternimmt eine Konzertreise. Im Alter von 6 Jahren tritt er vor der Kaiserin Maria Theresia auf. (1762-1764)
- Casanova beschreibt seinen Ausbruch aus den Bleikammern Venedigs. (1756)
- Die Mehrheit des Reichstages stimmt einem Reichskrieg gegen Preußen zu. (1757)
- Die Engländer erobern ganz Indien unter Robert Clive und Warren Hastings. (1757-1784)
- Der Zar von Russland wird gestürzt und ermordet. (1762)
- Der englische Chemiker Henry Cavendish entdeckt den Wasserstoff. (1766)
- Jesuiten werden aus Spanien vertrieben.
- In England kommt es zur „Industriellen Revolution". (1770)

♅ in Fische 1774 – 1798

- Goethe veröffentlicht den Roman „Die Leiden des jungen Werther". (1974)
- Amerikanischer Unabhängigkeitskrieg gegen England (1776 - 1783)
- Immanuel Kant veröffentlich sein Hauptwerk „Die Kritik der reinen Vernunft". (1781)

- Der englische Astronom Friedrich Wilhelm Herschel stellt die Eigenbewegung der Sonne und des Sonnensystems fest. (1788)
- Wolfgang Amadeus Mozart komponiert die Oper „Die Zauberflöte". (1791)

 im Widder 1798 – 1822

- Zeit Napoleons: Die Franzosen besetzen Rom und errichten die Römische Republik. General Napoleon Bonaparte zieht mit einem Heer nach Ägypten, um dort den Kampf gegen England aufzunehmen. Er stürzt das Direktorium in Paris und übernimmt die Macht in Frankreich. (1798)
- Der Sprachforscher Georg Friedrich Grotefend entziffert die babylonische Keilschrift. (1802) Goethe schreibt seinen „Faust". (1808)
- Deutscher Befreiungskrieg gegen Napoleon. (1813-1814)
- Napoleons Verbannung nach Elba. (1814)

 im Stier 1822 – 1846

- Der englische Physiker Michael Faraday findet das Prinzip des Elektromotors. (1821 – 1829)
- Ludwig van Beethoven komponiert seine berühmte 9. Symphonie in d-Moll (1823)
- Der deutsche Physiker Georg Simon Ohm findet das Gesetz für den Widerstand metallischer Leiter. (1827)
- Revolution in Paris (1830 - 1837)
- Alexander Dumas schreibt den Roman: „Die drei Musketiere". (1844)

 in Zwillinge 1846 – 1870

- Wilhelm Bush verfasst sein humoristisches Bilderbuch „Max und Moritz".
- Otto von Bismarck wird preußischer Ministerpräsident.
- Sezessionskrieg in den USA. 1861-1865
- Der Präsident Abraham Lincoln erklärt die Sklaven in den Südstaaten für frei. 1862
- Physiker Lion Foucoln stellt die Lichtgeschwindigkeit fest.1862
- Die Nordstaaten der USA gewinnen den Bürgerkrieg gegen die Südstaaten. Die Sklaverei wird abgeschafft und Lincoln ermordet.
- USA kaufen Alaska von Russland (1867)

im Krebs 1870-1894

- Das Deutche Reich wird gegründet. König Wilhelm von Preußen wird Deutscher Kaiser. (1871)
- Charles Darwin legt in seinem Buch „Die Abstammung des Menschen" die These von der Herkunft des Menschen aus dem Tierreich dar und stößt damit auf heftigste Kritik. (1871)
- Mark Twain veröffentlicht das Kinderbuch „Tom Sawyer". (1846)
- Thomas Edison erfindet eine Kohlenfaden-Glühlampe. (1879-1884)
- Gottlieb Daimler lässt den Automotor patentieren. (1883)
- Für die Pariser Weltausstellung wird der Eiffelturm mit 300 m Höhe erbaut und wird danach zum Wahrzeichen der Heimat. (1889)

im Löwe 1894 – 1918

- Einstein legt die Spezielle Relativitätstheorie dar.
- Der indische Dichter und Weise Rabindranath Tagore gründet seine „Schule der Weisheit" und erhält 1913 den Nobelpreis.
- Das Luftschiff „Graf Zeppelin" geht in Flammen auf. (1908)
- Karl May veröffentlicht „Winnetou".
- Untergang der Titanic (1912-1913)
- Ausbruch des ersten Weltkrieges (1914-1918)
- Das große Erdbeben von San Francisco (siehe: Gesetze des Chaos) (1906)

in Jungfrau 1918 – 1943

- Versailler Vertrag (1919)
- Hungersnot in Russland (1917)
- Das große Erdbeben von Kanto, Tokyo und Yokohama wurden weitgehend zerstört (siehe: Gesetze des Chaos) (1923)
- Die erste Funksprechverbindung nach Übersee. In den USA findet die erste Fernsehübertragung statt. (1927)
- Krisenzeit der Weimarer Republik geht zu Ende und Deutschland stabilisiert sich langsam wirtschaftlich und politisch.
- Hindenburg ernennt Adolf Hitler zum Reichskanzler. (1933)
- Hitler beginnt den zweiten Weltkrieg. (1939)

in Waage 1943 – 1968

- Die USA verkünden den Marshallplan zum wiederaufbau Europas (1947)
- Korea-Krieg (1950-1953)
- Aufnahme der BRD in die NATO (1954)
- Amerika baut das erste U-Boot mit Atomantrieb.
- Abwurf der Atombombe über Hiroshima.
- Der Strahlungsgürtel der Erde wird von van Allen entdeckt und nach ihm benannt. (1958-1963)
- Kuba-Krise entsteht aufgrund der Errichtung von sowjetischen Raketenbasen auf Kuba. (1962)

im Skorpion 1968 – 1993

- Erste bemannte Mondlandung (1969)
- Vietnamkrieg (1972)
- Die Watergate-Affäre (1974)
- Das erste Retortenbaby (1978)
- Falklandkrieg (1982)
- Hitlers gefälschte Tagebücher werden im Stern veröffentlicht (1983)
- Die Katastrophe im Atomkraftwerk von Tschernobyl (1986)
- Die Wiedervereinigung Deutschlands (1990)
- Operation Wüstensturm Golfkrieg (1991)

im Schützen 1993 – 2017

- Zunehmen von Naturkatastrophen durch (Erdbeben, Stürme, Überschwemmungen, Vulkanausbrüche) (1993-2012)
- World Trade Center Zerstörung durch kollidierende Flugzeuge. (2001)
- Bush versucht auf verschiedenen Wegen Krieg zu erzwingen, um den eurasischen Raum und die dortigen Bodenschätze einzunehmen. (2002)
- Zerstörung Manhattans (2003)

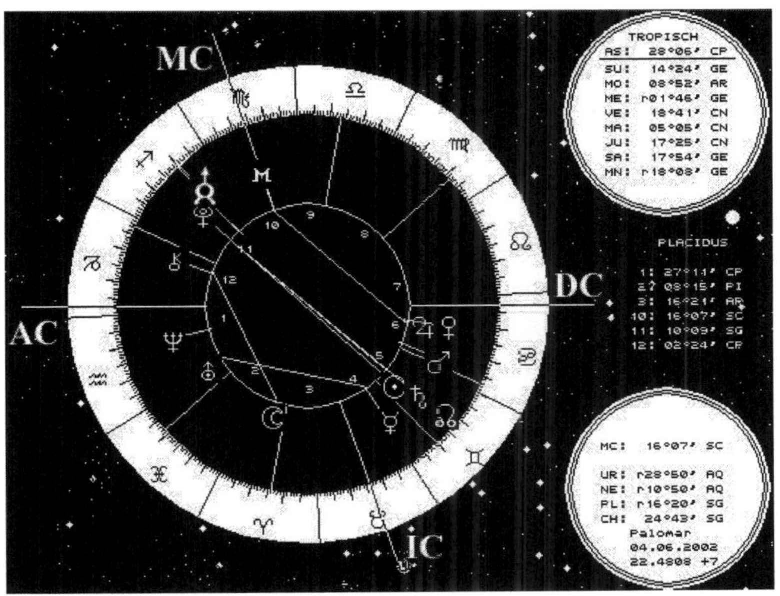

DAS ENTDECKUNGSHOROSKOP

Zu guter letzt darf natürlich eins nicht fehlen und das ist das Entdeckungshoroskop von Quaoar. Wir sehen, dass Quaoar hier exakt an der Spitze des 11. Hauses (Placidus) steht. Zudem steht er im exakten Sextil zum Neptun und im Trigon zum Mond. Auffällig ist auch die starke Besetzung des Zeichens Krebs mit Mars, Jupiter und Venus. Der Mond im Widder lässt zudem Pionierstimmung aufkommen. Wir haben Mond im Widder und den Mars im Krebs. Dies nennen wir in der Astrologie Rezeption, da der Mond über das Zeichen Krebs herrscht und der Mars über den Widder herrscht, dominieren sie sich gegenseitig. Auf diese Art ist jeder der beiden Planeten wiederum vom anderen abhängig. Es findet ein ganz besonders starker Energieaustausch zwischen beiden Prinzipien statt.

Das Horoskop steht noch unter der gewaltigen Spannung der Pluto-Saturn-Opposition, die uns ja schon seit dem WTC-Attentat bekannt ist und die Kollektivpsyche mächtig aufgerüttelt hat. Vergegenwärtigen wir uns die Stimmung der Zeit zu Quaoars Entdeckung, so müssen wir feststellen, dass ein Großteil des Weltgeschehens im Schatten der amerikanischen Politik und der Angst vor Terroranschlägen stand. Der umstrittene Krieg in Afghanistan und die absolute Unklarheit über die entstehenen, zukünftigen Entwicklungen bestimmten zu einem Großteil den Hintergrund des Lebensgefühls vieler Menschen. Es wäre jedoch falsch Quaoar deswegen als schlecht zu bezeichnen, hier offenbart sich vielmehr sein Prinzip als Verwirklicher, wie wir es ja schon an anderen Punkten kennen gelernt haben. Als Prinzip ist Er unparteiisch gegenüber gut oder böse. Ähnlich wie das bekannte Beispiel vom Kartoffelschälmesser, dass wir benutzen können um jemanden damit zu verletzten oder schlicht und einfach nur, um Kartoffeln zu schälen. Ohne Frage sind mit Beginn des WTC-Vorfalles Energien und Prozesse in Gang gesetzt worden, die auf lange Sicht geplant waren! Sprich es ging hier um die Verwirklichung des lange Geplanten! In diesem Zusammenhang ist Quaoars Position auf 8°02' Schütze zum Zeitpunkt des Vorfalls interessant. Er stand damit in gradgenauer Opposition zum Zwillinge-Uranus im Horoskop der USA! Zudem ist zu beobachten, dass die Auswüchse der gesamte Bushpolitik, seinerzeit noch direkt durch den Senior, mit dem Transit Quaoars durch das 12. Haus von Amerika begonnen haben. Das passt sehr gut zum Durchführen geheimer Operationen und Verschleierung von Tatsachen, Verwirklichung von Plänen im Verborgenen sozusagen. Bewiesen ist damit natürlich noch nichts, aber wenn wir immer wach beobachten werden wir bald einen aussagekräftigen Deutungsschlüssel mehr haben!

Eins noch nebenbei, sollte die Geschichte stimmen, dass Quaoar sofort zum Zeitpunkt der Entdeckung mit dem Namen Quaoar versehen wurde, so kann ich mit absoluter Sicherheit sagen, dass der Name nicht mehr geändert werden wird! Dies lässt sich nämlich in diesem Horoskop wunderbar erkennen.

QUAOAR EPHEMERIDEN

1900-2036
10 Tage, 0h UT

Bahnelemente

Bahnelemente, berechnet nach der Methode von Bernstein & Khushalani (2000):

Barycentric osculating elements in ICRS at epoch 2445471.8:

```
a 43.373493 +/- 0.009720 AU
e 0.037457 +/- 0.000055
i 7.992 +/- 0.000 deg
Node 188.923 +/- 0.001 deg
Arg of Peri 156.292 +/- 0.242 deg
Time of Peri 2478635.182 +/- 76.022 JD
```

Abkürzungen

Widder	Ari
Stier	Tau
Zwillinge	Gem
Krebs	Can
Löwe	Leo
Jungfrau	Vir
Waage	Lib
Skorpion	Sco
Schütze	Sag
Steinbock	Cap
Wassermann	Aqu
Fische	Pic

Zur Ermittlung der genauen Position suchen Sie die Positionen, die am nächsten an dem zu ermittelnden Datum liegen. Teilen Sie die Differenz der beiden Angaben des Zeitfensters durch 10. In etwa bewegt Quaoar sich 1' pro Tag. Je nachdem ob Quaoar rückläufig oder direkt ist addieren oder subtrahieren Sie von dem ersten Datum des Zeitfensters. Rückläufigkeit ist aus technischen Gründen nicht extra gekennzeichnet, achten Sie also darauf ob die zweite Position größer oder kleiner ist als die erste. Ist sie kleiner, so muß der Planet rückläufig sein und Sie müssen etwa 1' je Tag abziehen.

1900	
01 Jan 1900	7° Leo 32′
11 Jan 1900	7° Leo 21′
21 Jan 1900	7° Leo 9′
31 Jan 1900	6° Leo 58′
10 Feb 1900	6° Leo 46′
20 Feb 1900	6° Leo 35′
02 Mar 1900	6° Leo 25′
12 Mar 1900	6° Leo 16′
22 Mar 1900	6° Leo 9′
01 Apr 1900	6° Leo 4′
11 Apr 1900	6° Leo 1′
21 Apr 1900	6° Leo 0′
01 May 1900	6° Leo 2′
11 May 1900	6° Leo 6′
21 May 1900	6° Leo 12′
31 May 1900	6° Leo 20′
10 Jun 1900	6° Leo 29′
20 Jun 1900	6° Leo 41′
30 Jun 1900	6° Leo 53′
10 Jul 1900	7° Leo 7′
20 Jul 1900	7° Leo 21′
30 Jul 1900	7° Leo 36′
09 Aug 1900	7° Leo 51′
19 Aug 1900	8° Leo 5′
29 Aug 1900	8° Leo 19′
08 Sep 1900	8° Leo 32′
18 Sep 1900	8° Leo 44′
28 Sep 1900	8° Leo 54′
08 Oct 1900	9° Leo 2′
18 Oct 1900	9° Leo 9′
28 Oct 1900	9° Leo 13′
07 Nov 1900	9° Leo 15′
17 Nov 1900	9° Leo 14′
27 Nov 1900	9° Leo 11′
07 Dec 1900	9° Leo 6′
17 Dec 1900	9° Leo 0′
27 Dec 1900	8° Leo 51′

1901	
05 Jan 1901	8° Leo 41′
15 Jan 1901	8° Leo 30′
25 Jan 1901	8° Leo 18′
05 Feb 1901	8° Leo 6′
15 Feb 1901	7° Leo 55′
25 Feb 1901	7° Leo 44′
07 Mar 1901	7° Leo 34′
17 Mar 1901	7° Leo 26′
27 Mar 1901	7° Leo 20′
06 Apr 1901	7° Leo 16′
16 Apr 1901	7° Leo 13′
26 Apr 1901	7° Leo 14′
06 May 1901	7° Leo 16′
16 May 1901	7° Leo 20′
26 May 1901	7° Leo 27′
05 Jun 1901	7° Leo 36′
15 Jun 1901	7° Leo 46′
25 Jun 1901	7° Leo 58′
05 Jul 1901	8° Leo 11′
15 Jul 1901	8° Leo 25′
25 Jul 1901	8° Leo 39′
04 Aug 1901	8° Leo 54′
14 Aug 1901	9° Leo 9′
24 Aug 1901	9° Leo 23′
03 Sep 1901	9° Leo 36′
13 Sep 1901	9° Leo 49′
23 Sep 1901	10° Leo 0′
03 Oct 1901	10° Leo 10′
13 Oct 1901	10° Leo 17′
23 Oct 1901	10° Leo 23′
02 Nov 1901	10° Leo 26′
12 Nov 1901	10° Leo 27′
22 Nov 1901	10° Leo 26′
02 Dec 1901	10° Leo 22′
12 Dec 1901	10° Leo 17′
22 Dec 1901	10° Leo 9′

1902	
01 Jan 1902	10° Leo 0′
11 Jan 1902	9° Leo 50′
21 Jan 1902	9° Leo 38′
31 Jan 1902	9° Leo 26′
10 Feb 1902	9° Leo 15′
20 Feb 1902	9° Leo 3′
02 Mar 1902	8° Leo 53′
12 Mar 1902	8° Leo 44′
22 Mar 1902	8° Leo 36′
01 Apr 1902	8° Leo 31′
11 Apr 1902	8° Leo 27′

1903	
06 Jan 1903	11° Leo 9′
16 Jan 1903	10° Leo 58′
26 Jan 1903	10° Leo 46′
05 Feb 1903	10° Leo 35′
15 Feb 1903	10° Leo 23′
25 Feb 1903	10° Leo 12′
07 Mar 1903	10° Leo 2′
17 Mar 1903	9° Leo 54′
27 Mar 1903	9° Leo 47′
06 Apr 1903	9° Leo 42′
16 Apr 1903	9° Leo 39′

Date	Position
21 Apr 1902	8° Leo 26′
01 May 1902	8° Leo 27′
11 May 1902	8° Leo 30′
21 May 1902	8° Leo 35′
31 May 1902	8° Leo 42′
10 Jun 1902	8° Leo 52′
20 Jun 1902	9° Leo 2′
30 Jun 1902	9° Leo 15′
10 Jul 1902	9° Leo 28′
20 Jul 1902	9° Leo 42′
30 Jul 1902	9° Leo 57′
09 Aug 1902	10° Leo 12′
19 Aug 1902	10° Leo 26′
29 Aug 1902	10° Leo 40′
08 Sep 1902	10° Leo 53′
18 Sep 1902	11° Leo 6′
28 Sep 1902	11° Leo 16′
08 Oct 1902	11° Leo 25′
18 Oct 1902	11° Leo 32′
28 Oct 1902	11° Leo 37′
07 Nov 1902	11° Leo 39′
17 Nov 1902	11° Leo 39′
27 Nov 1902	11° Leo 37′
07 Dec 1902	11° Leo 33′
17 Dec 1902	11° Leo 27′
27 Dec 1902	11° Leo 19′

Date	Position
26 Apr 1903	9° Leo 38′
06 May 1903	9° Leo 40′
16 May 1903	9° Leo 44′
26 May 1903	9° Leo 50′
05 Jun 1903	9° Leo 58′
15 Jun 1903	10° Leo 8′
25 Jun 1903	10° Leo 19′
05 Jul 1903	10° Leo 32′
15 Jul 1903	10° Leo 45′
25 Jul 1903	11° Leo 0′
04 Aug 1903	11° Leo 14′
14 Aug 1903	11° Leo 29′
24 Aug 1903	11° Leo 44′
03 Sep 1903	11° Leo 57′
13 Sep 1903	12° Leo 10′
23 Sep 1903	12° Leo 22′
03 Oct 1903	12° Leo 32′
13 Oct 1903	12° Leo 40′
23 Oct 1903	12° Leo 46′
02 Nov 1903	12° Leo 50′
12 Nov 1903	12° Leo 52′
22 Nov 1903	12° Leo 51′
02 Dec 1903	12° Leo 48′
12 Dec 1903	12° Leo 43′
22 Dec 1903	12° Leo 36′

1904

Date	Position
01 Jan 1904	12° Leo 28′
11 Jan 1904	12° Leo 17′
21 Jan 1904	12° Leo 6′
31 Jan 1904	11° Leo 55′
10 Feb 1904	11° Leo 43′
20 Feb 1904	11° Leo 31′
01 Mar 1904	11° Leo 21′
11 Mar 1904	11° Leo 11′
21 Mar 1904	11° Leo 3′
31 Mar 1904	10° Leo 57′
10 Apr 1904	10° Leo 53′
20 Apr 1904	10° Leo 51′
30 Apr 1904	10° Leo 51′
10 May 1904	10° Leo 54′
20 May 1904	10° Leo 58′
30 May 1904	11° Leo 5′
09 Jun 1904	11° Leo 14′
19 Jun 1904	11° Leo 24′
29 Jun 1904	11° Leo 36′
09 Jul 1904	11° Leo 49′
19 Jul 1904	12° Leo 3′
29 Jul 1904	12° Leo 17′
08 Aug 1904	12° Leo 32′
18 Aug 1904	12° Leo 47′

1905

Date	Position
05 Jan 1905	13° Leo 36′
15 Jan 1905	13° Leo 26′
25 Jan 1905	13° Leo 15′
04 Feb 1905	13° Leo 3′
14 Feb 1905	12° Leo 51′
24 Feb 1905	12° Leo 40′
06 Mar 1905	12° Leo 30′
16 Mar 1905	12° Leo 21′
26 Mar 1905	12° Leo 13′
05 Apr 1905	12° Leo 8′
15 Apr 1905	12° Leo 4′
25 Apr 1905	12° Leo 3′
05 May 1905	12° Leo 4′
15 May 1905	12° Leo 7′
25 May 1905	12° Leo 13′
04 Jun 1905	12° Leo 20′
14 Jun 1905	12° Leo 29′
24 Jun 1905	12° Leo 40′
04 Jul 1905	12° Leo 53′
14 Jul 1905	13° Leo 6′
24 Jul 1905	13° Leo 20′
03 Aug 1905	13° Leo 35′
13 Aug 1905	13° Leo 49′
23 Aug 1905	14° Leo 4′

Date	Position	Date	Position
28 Aug 1904	13° Leo 1′	02 Sep 1905	14° Leo 18′
07 Sep 1904	13° Leo 14′	12 Sep 1905	14° Leo 31′
17 Sep 1904	13° Leo 27′	22 Sep 1905	14° Leo 43′
27 Sep 1904	13° Leo 38′	02 Oct 1905	14° Leo 54′
07 Oct 1904	13° Leo 47′	12 Oct 1905	15° Leo 2′
17 Oct 1904	13° Leo 55′	22 Oct 1905	15° Leo 9′
27 Oct 1904	14° Leo 0′	01 Nov 1905	15° Leo 14′
06 Nov 1904	14° Leo 3′	11 Nov 1905	15° Leo 16′
16 Nov 1904	14° Leo 4′	21 Nov 1905	15° Leo 16′
26 Nov 1904	14° Leo 3′	01 Dec 1905	15° Leo 14′
06 Dec 1904	13° Leo 59′	11 Dec 1905	15° Leo 10′
16 Dec 1904	13° Leo 53′	21 Dec 1905	15° Leo 3′
26 Dec 1904	13° Leo 46′	31 Dec 1905	14° Leo 55′
1906		**1907**	
10 Jan 1906	14° Leo 45′	05 Jan 1907	16° Leo 4′
20 Jan 1906	14° Leo 34′	15 Jan 1907	15° Leo 54′
30 Jan 1906	14° Leo 23′	25 Jan 1907	15° Leo 43′
09 Feb 1906	14° Leo 11′	04 Feb 1907	15° Leo 31′
19 Feb 1906	13° Leo 59′	14 Feb 1907	15° Leo 19′
01 Mar 1906	13° Leo 49′	24 Feb 1907	15° Leo 8′
11 Mar 1906	13° Leo 39′	06 Mar 1907	14° Leo 57′
21 Mar 1906	13° Leo 30′	16 Mar 1907	14° Leo 48′
31 Mar 1906	13° Leo 23′	26 Mar 1907	14° Leo 40′
10 Apr 1906	13° Leo 19′	05 Apr 1907	14° Leo 34′
20 Apr 1906	13° Leo 16′	15 Apr 1907	14° Leo 30′
30 Apr 1906	13° Leo 16′	25 Apr 1907	14° Leo 28′
10 May 1906	13° Leo 17′	05 May 1907	14° Leo 28′
20 May 1906	13° Leo 21′	15 May 1907	14° Leo 31′
30 May 1906	13° Leo 28′	25 May 1907	14° Leo 36′
09 Jun 1906	13° Leo 36′	04 Jun 1907	14° Leo 43′
19 Jun 1906	13° Leo 45′	14 Jun 1907	14° Leo 51′
29 Jun 1906	13° Leo 57′	24 Jun 1907	15° Leo 2′
09 Jul 1906	14° Leo 10′	04 Jul 1907	15° Leo 14′
19 Jul 1906	14° Leo 23′	14 Jul 1907	15° Leo 27′
29 Jul 1906	14° Leo 38′	24 Jul 1907	15° Leo 41′
08 Aug 1906	14° Leo 52′	03 Aug 1907	15° Leo 55′
18 Aug 1906	15° Leo 7′	13 Aug 1907	16° Leo 10′
28 Aug 1906	15° Leo 21′	23 Aug 1907	16° Leo 25′
07 Sep 1906	15° Leo 35′	02 Sep 1907	16° Leo 39′
17 Sep 1906	15° Leo 48′	12 Sep 1907	16° Leo 52′
27 Sep 1906	15° Leo 59′	22 Sep 1907	17° Leo 5′
07 Oct 1906	16° Leo 9′	02 Oct 1907	17° Leo 16′
17 Oct 1906	16° Leo 17′	12 Oct 1907	17° Leo 25′
27 Oct 1906	16° Leo 24′	22 Oct 1907	17° Leo 32′
06 Nov 1906	16° Leo 27′	01 Nov 1907	17° Leo 37′
16 Nov 1906	16° Leo 29′	11 Nov 1907	17° Leo 41′
26 Nov 1906	16° Leo 28′	21 Nov 1907	17° Leo 41′
06 Dec 1906	16° Leo 25′	01 Dec 1907	17° Leo 40′
16 Dec 1906	16° Leo 20′	11 Dec 1907	17° Leo 36′
26 Dec 1906	16° Leo 13′	21 Dec 1907	17° Leo 30′
		31 Dec 1907	17° Leo 22′

1908	
10 Jan 1908	17° Leo 13′
20 Jan 1908	17° Leo 2′
30 Jan 1908	16° Leo 51′
09 Feb 1908	16° Leo 39′
19 Feb 1908	16° Leo 28′
29 Feb 1908	16° Leo 16′
10 Mar 1908	16° Leo 6′
20 Mar 1908	15° Leo 57′
30 Mar 1908	15° Leo 50′
09 Apr 1908	15° Leo 45′
19 Apr 1908	15° Leo 42′
29 Apr 1908	15° Leo 40′
09 May 1908	15° Leo 42′
19 May 1908	15° Leo 45′
29 May 1908	15° Leo 50′
08 Jun 1908	15° Leo 58′
18 Jun 1908	16° Leo 7′
28 Jun 1908	16° Leo 18′
08 Jul 1908	16° Leo 31′
18 Jul 1908	16° Leo 44′
28 Jul 1908	16° Leo 58′
07 Aug 1908	17° Leo 13′
17 Aug 1908	17° Leo 27′
27 Aug 1908	17° Leo 42′
06 Sep 1908	17° Leo 56′
16 Sep 1908	18° Leo 9′
26 Sep 1908	18° Leo 21′
06 Oct 1908	18° Leo 31′
16 Oct 1908	18° Leo 40′
26 Oct 1908	18° Leo 47′
05 Nov 1908	18° Leo 51′
15 Nov 1908	18° Leo 53′
25 Nov 1908	18° Leo 53′
05 Dec 1908	18° Leo 51′
15 Dec 1908	18° Leo 46′
25 Dec 1908	18° Leo 40′

1909	
04 Jan 1909	18° Leo 31′
14 Jan 1909	18° Leo 22′
24 Jan 1909	18° Leo 11′
03 Feb 1909	17° Leo 59′
13 Feb 1909	17° Leo 47′
23 Feb 1909	17° Leo 36′
05 Mar 1909	17° Leo 25′
15 Mar 1909	17° Leo 15′
25 Mar 1909	17° Leo 7′
04 Apr 1909	17° Leo 0′
14 Apr 1909	16° Leo 56′
24 Apr 1909	16° Leo 53′
04 May 1909	16° Leo 53′
14 May 1909	16° Leo 55′
24 May 1909	16° Leo 59′
03 Jun 1909	17° Leo 5′
13 Jun 1909	17° Leo 13′
23 Jun 1909	17° Leo 23′
03 Jul 1909	17° Leo 35′
13 Jul 1909	17° Leo 48′
23 Jul 1909	18° Leo 1′
02 Aug 1909	18° Leo 16′
12 Aug 1909	18° Leo 30′
22 Aug 1909	18° Leo 45′
01 Sep 1909	18° Leo 59′
11 Sep 1909	19° Leo 13′
21 Sep 1909	19° Leo 26′
01 Oct 1909	19° Leo 37′
11 Oct 1909	19° Leo 47′
21 Oct 1909	19° Leo 55′
31 Oct 1909	20° Leo 1′
10 Nov 1909	20° Leo 5′
20 Nov 1909	20° Leo 6′
30 Nov 1909	20° Leo 5′
10 Dec 1909	20° Leo 2′
20 Dec 1909	19° Leo 57′
30 Dec 1909	19° Leo 49′

1910	
09 Jan 1910	19° Leo 40′
19 Jan 1910	19° Leo 30′
29 Jan 1910	19° Leo 19′
08 Feb 1910	19° Leo 7′
18 Feb 1910	18° Leo 56′
28 Feb 1910	18° Leo 44′
10 Mar 1910	18° Leo 34′
20 Mar 1910	18° Leo 25′
30 Mar 1910	18° Leo 17′
09 Apr 1910	18° Leo 11′
19 Apr 1910	18° Leo 7′

1911	
04 Jan 1911	20° Leo 58′
14 Jan 1911	20° Leo 49′
24 Jan 1911	20° Leo 38′
03 Feb 1911	20° Leo 27′
13 Feb 1911	20° Leo 15′
23 Feb 1911	20° Leo 4′
05 Mar 1911	19° Leo 53′
15 Mar 1911	19° Leo 43′
25 Mar 1911	19° Leo 34′
04 Apr 1911	19° Leo 27′
14 Apr 1911	19° Leo 21′

Date	Position
29 Apr 1910	18° Leo 5′
09 May 1910	18° Leo 6′
19 May 1910	18° Leo 8′
29 May 1910	18° Leo 13′
08 Jun 1910	18° Leo 20′
18 Jun 1910	18° Leo 29′
28 Jun 1910	18° Leo 40′
08 Jul 1910	18° Leo 51′
18 Jul 1910	19° Leo 5′
28 Jul 1910	19° Leo 19′
07 Aug 1910	19° Leo 33′
17 Aug 1910	19° Leo 48′
27 Aug 1910	20° Leo 2′
06 Sep 1910	20° Leo 17′
16 Sep 1910	20° Leo 30′
26 Sep 1910	20° Leo 42′
06 Oct 1910	20° Leo 53′
16 Oct 1910	21° Leo 2′
26 Oct 1910	21° Leo 9′
05 Nov 1910	21° Leo 15′
15 Nov 1910	21° Leo 17′
25 Nov 1910	21° Leo 18′
05 Dec 1910	21° Leo 16′
15 Dec 1910	21° Leo 12′
25 Dec 1910	21° Leo 6′

Date	Position
24 Apr 1911	19° Leo 18′
04 May 1911	19° Leo 17′
14 May 1911	19° Leo 19′
24 May 1911	19° Leo 22′
03 Jun 1911	19° Leo 28′
13 Jun 1911	19° Leo 35′
23 Jun 1911	19° Leo 45′
03 Jul 1911	19° Leo 56′
13 Jul 1911	20° Leo 8′
23 Jul 1911	20° Leo 22′
02 Aug 1911	20° Leo 36′
12 Aug 1911	20° Leo 50′
22 Aug 1911	21° Leo 5′
01 Sep 1911	21° Leo 20′
11 Sep 1911	21° Leo 33′
21 Sep 1911	21° Leo 46′
01 Oct 1911	21° Leo 58′
11 Oct 1911	22° Leo 9′
21 Oct 1911	22° Leo 17′
31 Oct 1911	22° Leo 24′
10 Nov 1911	22° Leo 28′
20 Nov 1911	22° Leo 30′
30 Nov 1911	22° Leo 30′
10 Dec 1911	22° Leo 27′
20 Dec 1911	22° Leo 23′
30 Dec 1911	22° Leo 16′

1912

Date	Position
09 Jan 1912	22° Leo 7′
19 Jan 1912	21° Leo 57′
29 Jan 1912	21° Leo 46′
08 Feb 1912	21° Leo 35′
18 Feb 1912	21° Leo 23′
28 Feb 1912	21° Leo 12′
09 Mar 1912	21° Leo 1′
19 Mar 1912	20° Leo 51′
29 Mar 1912	20° Leo 43′
08 Apr 1912	20° Leo 37′
18 Apr 1912	20° Leo 32′
28 Apr 1912	20° Leo 30′
08 May 1912	20° Leo 30′
18 May 1912	20° Leo 32′
28 May 1912	20° Leo 36′
07 Jun 1912	20° Leo 42′
17 Jun 1912	20° Leo 50′
27 Jun 1912	21° Leo 0′
07 Jul 1912	21° Leo 12′
17 Jul 1912	21° Leo 25′
27 Jul 1912	21° Leo 38′
06 Aug 1912	21° Leo 53′
16 Aug 1912	22° Leo 8′
26 Aug 1912	22° Leo 22′

1913

Date	Position
03 Jan 1913	23° Leo 25′
13 Jan 1913	23° Leo 16′
23 Jan 1913	23° Leo 6′
02 Feb 1913	22° Leo 54′
12 Feb 1913	22° Leo 43′
22 Feb 1913	22° Leo 31′
04 Mar 1913	22° Leo 20′
14 Mar 1913	22° Leo 9′
24 Mar 1913	22° Leo 0′
03 Apr 1913	21° Leo 53′
13 Apr 1913	21° Leo 47′
23 Apr 1913	21° Leo 43′
03 May 1913	21° Leo 41′
13 May 1913	21° Leo 42′
23 May 1913	21° Leo 45′
02 Jun 1913	21° Leo 50′
12 Jun 1913	21° Leo 57′
22 Jun 1913	22° Leo 6′
02 Jul 1913	22° Leo 16′
12 Jul 1913	22° Leo 28′
22 Jul 1913	22° Leo 41′
01 Aug 1913	22° Leo 55′
11 Aug 1913	23° Leo 10′
21 Aug 1913	23° Leo 25′

05 Sep 1912	22° Leo 36′	31 Aug 1913	23° Leo 39′
15 Sep 1912	22° Leo 50′	10 Sep 1913	23° Leo 53′
25 Sep 1912	23° Leo 3′	20 Sep 1913	24° Leo 7′
05 Oct 1912	23° Leo 14′	30 Sep 1913	24° Leo 19′
15 Oct 1912	23° Leo 24′	10 Oct 1913	24° Leo 29′
25 Oct 1912	23° Leo 32′	20 Oct 1913	24° Leo 38′
04 Nov 1912	23° Leo 37′	30 Oct 1913	24° Leo 46′
14 Nov 1912	23° Leo 41′	09 Nov 1913	24° Leo 51′
24 Nov 1912	23° Leo 42′	19 Nov 1913	24° Leo 53′
04 Dec 1912	23° Leo 41′	29 Nov 1913	24° Leo 54′
14 Dec 1912	23° Leo 38′	09 Dec 1913	24° Leo 52′
24 Dec 1912	23° Leo 32′	19 Dec 1913	24° Leo 48′
		29 Dec 1913	24° Leo 42′
1914		**1915**	
08 Jan 1914	24° Leo 34′	03 Jan 1915	25° Leo 51′
18 Jan 1914	24° Leo 24′	13 Jan 1915	25° Leo 42′
28 Jan 1914	24° Leo 13′	23 Jan 1915	25° Leo 32′
07 Feb 1914	24° Leo 2′	02 Feb 1915	25° Leo 21′
17 Feb 1914	23° Leo 50′	12 Feb 1915	25° Leo 10′
27 Feb 1914	23° Leo 39′	22 Feb 1915	24° Leo 58′
09 Mar 1914	23° Leo 28′	04 Mar 1915	24° Leo 46′
19 Mar 1914	23° Leo 18′	14 Mar 1915	24° Leo 36′
29 Mar 1914	23° Leo 9′	24 Mar 1915	24° Leo 26′
08 Apr 1914	23° Leo 2′	03 Apr 1915	24° Leo 18′
18 Apr 1914	22° Leo 57′	13 Apr 1915	24° Leo 12′
28 Apr 1914	22° Leo 54′	23 Apr 1915	24° Leo 7′
08 May 1914	22° Leo 53′	03 May 1915	24° Leo 5′
18 May 1914	22° Leo 55′	13 May 1915	24° Leo 5′
28 May 1914	22° Leo 58′	23 May 1915	24° Leo 7′
07 Jun 1914	23° Leo 4′	02 Jun 1915	24° Leo 12′
17 Jun 1914	23° Leo 12′	12 Jun 1915	24° Leo 18′
27 Jun 1914	23° Leo 21′	22 Jun 1915	24° Leo 26′
07 Jul 1914	23° Leo 32′	02 Jul 1915	24° Leo 36′
17 Jul 1914	23° Leo 45′	12 Jul 1915	24° Leo 48′
27 Jul 1914	23° Leo 58′	22 Jul 1915	25° Leo 1′
06 Aug 1914	24° Leo 12′	01 Aug 1915	25° Leo 15′
16 Aug 1914	24° Leo 27′	11 Aug 1915	25° Leo 29′
26 Aug 1914	24° Leo 41′	21 Aug 1915	25° Leo 44′
05 Sep 1914	24° Leo 56′	31 Aug 1915	25° Leo 58′
15 Sep 1914	25° Leo 10′	10 Sep 1915	26° Leo 12′
25 Sep 1914	25° Leo 23′	20 Sep 1915	26° Leo 26′
05 Oct 1914	25° Leo 34′	30 Sep 1915	26° Leo 39′
15 Oct 1914	25° Leo 45′	10 Oct 1915	26° Leo 50′
25 Oct 1914	25° Leo 53′	20 Oct 1915	26° Leo 59′
04 Nov 1914	25° Leo 59′	30 Oct 1915	27° Leo 7′
14 Nov 1914	26° Leo 3′	09 Nov 1915	27° Leo 13′
24 Nov 1914	26° Leo 5′	19 Nov 1915	27° Leo 16′
04 Dec 1914	26° Leo 5′	29 Nov 1915	27° Leo 17′
14 Dec 1914	26° Leo 2′	09 Dec 1915	27° Leo 16′
24 Dec 1914	25° Leo 57′	19 Dec 1915	27° Leo 12′
		29 Dec 1915	27° Leo 7′

1916	
08 Jan 1916	26° Leo 59′
18 Jan 1916	26° Leo 50′
28 Jan 1916	26° Leo 40′
07 Feb 1916	26° Leo 29′
17 Feb 1916	26° Leo 17′
27 Feb 1916	26° Leo 5′
08 Mar 1916	25° Leo 54′
18 Mar 1916	25° Leo 44′
28 Mar 1916	25° Leo 35′
07 Apr 1916	25° Leo 27′
17 Apr 1916	25° Leo 22′
27 Apr 1916	25° Leo 18′
07 May 1916	25° Leo 17′
17 May 1916	25° Leo 17′
27 May 1916	25° Leo 20′
06 Jun 1916	25° Leo 25′
16 Jun 1916	25° Leo 32′
26 Jun 1916	25° Leo 41′
06 Jul 1916	25° Leo 52′
16 Jul 1916	26° Leo 4′
26 Jul 1916	26° Leo 17′
05 Aug 1916	26° Leo 31′
15 Aug 1916	26° Leo 46′
25 Aug 1916	27° Leo 0′
04 Sep 1916	27° Leo 15′
14 Sep 1916	27° Leo 29′
24 Sep 1916	27° Leo 42′
04 Oct 1916	27° Leo 54′
14 Oct 1916	28° Leo 5′
24 Oct 1916	28° Leo 14′
03 Nov 1916	28° Leo 21′
13 Nov 1916	28° Leo 26′
23 Nov 1916	28° Leo 28′
03 Dec 1916	28° Leo 28′
13 Dec 1916	28° Leo 26′
23 Dec 1916	28° Leo 22′

1917	
02 Jan 1917	28° Leo 16′
12 Jan 1917	28° Leo 8′
22 Jan 1917	27° Leo 58′
01 Feb 1917	27° Leo 47′
11 Feb 1917	27° Leo 36′
21 Feb 1917	27° Leo 24′
03 Mar 1917	27° Leo 13′
13 Mar 1917	27° Leo 2′
23 Mar 1917	26° Leo 52′
02 Apr 1917	26° Leo 44′
12 Apr 1917	26° Leo 37′
22 Apr 1917	26° Leo 32′
02 May 1917	26° Leo 29′
12 May 1917	26° Leo 28′
22 May 1917	26° Leo 30′
01 Jun 1917	26° Leo 33′
11 Jun 1917	26° Leo 39′
21 Jun 1917	26° Leo 47′
01 Jul 1917	26° Leo 57′
11 Jul 1917	27° Leo 8′
21 Jul 1917	27° Leo 20′
31 Jul 1917	27° Leo 34′
10 Aug 1917	27° Leo 48′
20 Aug 1917	28° Leo 2′
30 Aug 1917	28° Leo 17′
09 Sep 1917	28° Leo 32′
19 Sep 1917	28° Leo 45′
29 Sep 1917	28° Leo 58′
09 Oct 1917	29° Leo 10′
19 Oct 1917	29° Leo 20′
29 Oct 1917	29° Leo 28′
08 Nov 1917	29° Leo 34′
18 Nov 1917	29° Leo 38′
28 Nov 1917	29° Leo 40′
08 Dec 1917	29° Leo 40′
18 Dec 1917	29° Leo 37′
28 Dec 1917	29° Leo 32′

1918	
07 Jan 1918	29° Leo 25′
17 Jan 1918	29° Leo 16′
27 Jan 1918	29° Leo 6′
06 Feb 1918	28° Leo 55′
16 Feb 1918	28° Leo 43′
26 Feb 1918	28° Leo 32′
08 Mar 1918	28° Leo 21′
18 Mar 1918	28° Leo 10′
28 Mar 1918	28° Leo 1′
07 Apr 1918	27° Leo 53′
17 Apr 1918	27° Leo 46′

1919	
02 Jan 1919	0° Vir 41′
12 Jan 1919	0° Vir 33′
22 Jan 1919	0° Vir 24′
01 Feb 1919	0° Vir 14′
11 Feb 1919	0° Vir 3′
21 Feb 1919	29° Leo 51′
03 Mar 1919	29° Leo 39′
13 Mar 1919	29° Leo 28′
23 Mar 1919	29° Leo 18′
02 Apr 1919	29° Leo 9′
12 Apr 1919	29° Leo 2′

27 Apr 1918	27° Leo 42′	22 Apr 1919	28° Leo 56′
07 May 1918	27° Leo 40′	02 May 1919	28° Leo 53′
17 May 1918	27° Leo 40′	12 May 1919	28° Leo 51′
27 May 1918	27° Leo 42′	22 May 1919	28° Leo 52′
06 Jun 1918	27° Leo 47′	01 Jun 1919	28° Leo 55′
16 Jun 1918	27° Leo 53′	11 Jun 1919	29° Leo 1′
26 Jun 1918	28° Leo 2′	21 Jun 1919	29° Leo 8′
06 Jul 1918	28° Leo 12′	01 Jul 1919	29° Leo 17′
16 Jul 1918	28° Leo 24′	11 Jul 1919	29° Leo 28′
26 Jul 1918	28° Leo 36′	21 Jul 1919	29° Leo 40′
05 Aug 1918	28° Leo 50′	31 Jul 1919	29° Leo 53′
15 Aug 1918	29° Leo 5′	10 Aug 1919	0° Vir 7′
25 Aug 1918	29° Leo 19′	20 Aug 1919	0° Vir 21′
04 Sep 1918	29° Leo 34′	30 Aug 1919	0° Vir 36′
14 Sep 1918	29° Leo 48′	09 Sep 1919	0° Vir 51′
24 Sep 1918	0° Vir 2′	19 Sep 1919	1° Vir 5′
04 Oct 1918	0° Vir 14′	29 Sep 1919	1° Vir 18′
14 Oct 1918	0° Vir 25′	09 Oct 1919	1° Vir 30′
24 Oct 1918	0° Vir 35′	19 Oct 1919	1° Vir 40′
03 Nov 1918	0° Vir 42′	29 Oct 1919	1° Vir 49′
13 Nov 1918	0° Vir 48′	08 Nov 1919	1° Vir 56′
23 Nov 1918	0° Vir 51′	18 Nov 1919	2° Vir 1′
03 Dec 1918	0° Vir 52′	28 Nov 1919	2° Vir 3′
13 Dec 1918	0° Vir 50′	08 Dec 1919	2° Vir 3′
23 Dec 1918	0° Vir 47′	18 Dec 1919	2° Vir 1′
		28 Dec 1919	1° Vir 56′

1920		1921	
07 Jan 1920	1° Vir 50′	01 Jan 1921	3° Vir 6′
17 Jan 1920	1° Vir 42′	11 Jan 1921	2° Vir 59′
27 Jan 1920	1° Vir 32′	21 Jan 1921	2° Vir 50′
06 Feb 1920	1° Vir 21′	31 Jan 1921	2° Vir 40′
16 Feb 1920	1° Vir 10′	10 Feb 1921	2° Vir 29′
26 Feb 1920	0° Vir 58′	20 Feb 1921	2° Vir 17′
07 Mar 1920	0° Vir 47′	02 Mar 1921	2° Vir 6′
17 Mar 1920	0° Vir 36′	12 Mar 1921	1° Vir 55′
27 Mar 1920	0° Vir 26′	22 Mar 1921	1° Vir 44′
06 Apr 1920	0° Vir 18′	01 Apr 1921	1° Vir 35′
16 Apr 1920	0° Vir 11′	11 Apr 1921	1° Vir 27′
26 Apr 1920	0° Vir 6′	21 Apr 1921	1° Vir 21′
06 May 1920	0° Vir 4′	01 May 1921	1° Vir 17′
16 May 1920	0° Vir 3′	11 May 1921	1° Vir 15′
26 May 1920	0° Vir 5′	21 May 1921	1° Vir 15′
05 Jun 1920	0° Vir 9′	31 May 1921	1° Vir 17′
15 Jun 1920	0° Vir 15′	10 Jun 1921	1° Vir 22′
25 Jun 1920	0° Vir 22′	20 Jun 1921	1° Vir 29′
05 Jul 1920	0° Vir 32′	30 Jun 1921	1° Vir 37′
15 Jul 1920	0° Vir 43′	10 Jul 1921	1° Vir 47′
25 Jul 1920	0° Vir 56′	20 Jul 1921	1° Vir 59′
04 Aug 1920	1° Vir 9′	30 Jul 1921	2° Vir 12′
14 Aug 1920	1° Vir 24′	09 Aug 1921	2° Vir 26′
24 Aug 1920	1° Vir 38′	19 Aug 1921	2° Vir 40′

Date	Position
03 Sep 1920	1° Vir 53′
13 Sep 1920	2° Vir 7′
23 Sep 1920	2° Vir 21′
03 Oct 1920	2° Vir 34′
13 Oct 1920	2° Vir 45′
23 Oct 1920	2° Vir 55′
02 Nov 1920	3° Vir 3′
12 Nov 1920	3° Vir 9′
22 Nov 1920	3° Vir 13′
02 Dec 1920	3° Vir 15′
12 Dec 1920	3° Vir 14′
22 Dec 1920	3° Vir 11′

Date	Position
29 Aug 1921	2° Vir 55′
08 Sep 1921	3° Vir 9′
18 Sep 1921	3° Vir 24′
28 Sep 1921	3° Vir 37′
08 Oct 1921	3° Vir 49′
18 Oct 1921	4° Vir 0′
28 Oct 1921	4° Vir 10′
07 Nov 1921	4° Vir 17′
17 Nov 1921	4° Vir 22′
27 Nov 1921	4° Vir 25′
07 Dec 1921	4° Vir 26′
17 Dec 1921	4° Vir 25′
27 Dec 1921	4° Vir 21′

1922

Date	Position
06 Jan 1922	4° Vir 15′
16 Jan 1922	4° Vir 7′
26 Jan 1922	3° Vir 58′
05 Feb 1922	3° Vir 48′
15 Feb 1922	3° Vir 36′
25 Feb 1922	3° Vir 25′
07 Mar 1922	3° Vir 13′
17 Mar 1922	3° Vir 2′
27 Mar 1922	2° Vir 52′
06 Apr 1922	2° Vir 43′
16 Apr 1922	2° Vir 36′
26 Apr 1922	2° Vir 31′
06 May 1922	2° Vir 27′
16 May 1922	2° Vir 26′
26 May 1922	2° Vir 27′
05 Jun 1922	2° Vir 30′
15 Jun 1922	2° Vir 36′
25 Jun 1922	2° Vir 43′
05 Jul 1922	2° Vir 52′
15 Jul 1922	3° Vir 3′
25 Jul 1922	3° Vir 15′
04 Aug 1922	3° Vir 28′
14 Aug 1922	3° Vir 42′
24 Aug 1922	3° Vir 57′
03 Sep 1922	4° Vir 11′
13 Sep 1922	4° Vir 26′
23 Sep 1922	4° Vir 40′
03 Oct 1922	4° Vir 53′
13 Oct 1922	5° Vir 5′
23 Oct 1922	5° Vir 15′
02 Nov 1922	5° Vir 24′
12 Nov 1922	5° Vir 31′
22 Nov 1922	5° Vir 35′
02 Dec 1922	5° Vir 37′
12 Dec 1922	5° Vir 37′
22 Dec 1922	5° Vir 35′

1923

Date	Position
01 Jan 1923	5° Vir 30′
11 Jan 1923	5° Vir 24′
21 Jan 1923	5° Vir 16′
31 Jan 1923	5° Vir 6′
10 Feb 1923	4° Vir 55′
20 Feb 1923	4° Vir 44′
02 Mar 1923	4° Vir 32′
12 Mar 1923	4° Vir 20′
22 Mar 1923	4° Vir 10′
01 Apr 1923	4° Vir 0′
11 Apr 1923	3° Vir 52′
21 Apr 1923	3° Vir 45′
01 May 1923	3° Vir 40′
11 May 1923	3° Vir 38′
21 May 1923	3° Vir 37′
31 May 1923	3° Vir 39′
10 Jun 1923	3° Vir 43′
20 Jun 1923	3° Vir 49′
30 Jun 1923	3° Vir 57′
10 Jul 1923	4° Vir 7′
20 Jul 1923	4° Vir 18′
30 Jul 1923	4° Vir 31′
09 Aug 1923	4° Vir 44′
19 Aug 1923	4° Vir 59′
29 Aug 1923	5° Vir 13′
08 Sep 1923	5° Vir 28′
18 Sep 1923	5° Vir 42′
28 Sep 1923	5° Vir 56′
08 Oct 1923	6° Vir 9′
18 Oct 1923	6° Vir 20′
28 Oct 1923	6° Vir 30′
07 Nov 1923	6° Vir 38′
17 Nov 1923	6° Vir 44′
27 Nov 1923	6° Vir 47′
07 Dec 1923	6° Vir 49′
17 Dec 1923	6° Vir 48′
27 Dec 1923	6° Vir 45′

1924		1925	
06 Jan 1924	6° Vir 39′	10 Jan 1925	7° Vir 48′
16 Jan 1924	6° Vir 32′	20 Jan 1925	7° Vir 40′
26 Jan 1924	6° Vir 23′	30 Jan 1925	7° Vir 31′
05 Feb 1924	6° Vir 13′	09 Feb 1925	7° Vir 20′
15 Feb 1924	6° Vir 2′	19 Feb 1925	7° Vir 9′
25 Feb 1924	5° Vir 51′	01 Mar 1925	6° Vir 57′
06 Mar 1924	5° Vir 39′	11 Mar 1925	6° Vir 46′
16 Mar 1924	5° Vir 28′	21 Mar 1925	6° Vir 35′
26 Mar 1924	5° Vir 17′	31 Mar 1925	6° Vir 25′
05 Apr 1924	5° Vir 8′	10 Apr 1925	6° Vir 16′
15 Apr 1924	5° Vir 0′	20 Apr 1925	6° Vir 9′
25 Apr 1924	4° Vir 54′	30 Apr 1925	6° Vir 4′
05 May 1924	4° Vir 51′	10 May 1925	6° Vir 1′
15 May 1924	4° Vir 49′	20 May 1925	6° Vir 0′
25 May 1924	4° Vir 49′	30 May 1925	6° Vir 1′
04 Jun 1924	4° Vir 52′	09 Jun 1925	6° Vir 4′
14 Jun 1924	4° Vir 56′	19 Jun 1925	6° Vir 9′
24 Jun 1924	5° Vir 3′	29 Jun 1925	6° Vir 17′
04 Jul 1924	5° Vir 12′	09 Jul 1925	6° Vir 26′
14 Jul 1924	5° Vir 22′	19 Jul 1925	6° Vir 37′
24 Jul 1924	5° Vir 34′	29 Jul 1925	6° Vir 49′
03 Aug 1924	5° Vir 47′	08 Aug 1925	7° Vir 2′
13 Aug 1924	6° Vir 0′	18 Aug 1925	7° Vir 17′
23 Aug 1924	6° Vir 15′	28 Aug 1925	7° Vir 31′
02 Sep 1924	6° Vir 30′	07 Sep 1925	7° Vir 46′
12 Sep 1924	6° Vir 44′	17 Sep 1925	8° Vir 0′
22 Sep 1924	6° Vir 58′	27 Sep 1925	8° Vir 14′
02 Oct 1924	7° Vir 12′	07 Oct 1925	8° Vir 27′
12 Oct 1924	7° Vir 24′	17 Oct 1925	8° Vir 39′
22 Oct 1924	7° Vir 35′	27 Oct 1925	8° Vir 49′
01 Nov 1924	7° Vir 44′	06 Nov 1925	8° Vir 58′
11 Nov 1924	7° Vir 51′	16 Nov 1925	9° Vir 4′
21 Nov 1924	7° Vir 56′	26 Nov 1925	9° Vir 9′
01 Dec 1924	7° Vir 59′	06 Dec 1925	9° Vir 11′
11 Dec 1924	8° Vir 0′	16 Dec 1925	9° Vir 10′
21 Dec 1924	7° Vir 58′	26 Dec 1925	9° Vir 8′
31 Dec 1924	7° Vir 54′		

1926		1927	
05 Jan 1926	9° Vir 3′	10 Jan 1927	10° Vir 12′
15 Jan 1926	8° Vir 56′	20 Jan 1927	10° Vir 5′
25 Jan 1926	8° Vir 48′	30 Jan 1927	9° Vir 56′
04 Feb 1926	8° Vir 38′	09 Feb 1927	9° Vir 45′
14 Feb 1926	8° Vir 27′	19 Feb 1927	9° Vir 34′
24 Feb 1926	8° Vir 16′	01 Mar 1927	9° Vir 23′
06 Mar 1926	8° Vir 4′	11 Mar 1927	9° Vir 11′
16 Mar 1926	7° Vir 53′	21 Mar 1927	9° Vir 0′
26 Mar 1926	7° Vir 42′	31 Mar 1927	8° Vir 50′
05 Apr 1926	7° Vir 33′	10 Apr 1927	8° Vir 41′
15 Apr 1926	7° Vir 25′	20 Apr 1927	8° Vir 33′

25 Apr 1926	7° Vir 18′	30 Apr 1927	8° Vir 27′
05 May 1926	7° Vir 13′	10 May 1927	8° Vir 23′
15 May 1926	7° Vir 11′	20 May 1927	8° Vir 22′
25 May 1926	7° Vir 11′	30 May 1927	8° Vir 22′
04 Jun 1926	7° Vir 13′	09 Jun 1927	8° Vir 25′
14 Jun 1926	7° Vir 17′	19 Jun 1927	8° Vir 30′
24 Jun 1926	7° Vir 23′	29 Jun 1927	8° Vir 36′
04 Jul 1926	7° Vir 31′	09 Jul 1927	8° Vir 45′
14 Jul 1926	7° Vir 41′	19 Jul 1927	8° Vir 56′
24 Jul 1926	7° Vir 52′	29 Jul 1927	9° Vir 7′
03 Aug 1926	8° Vir 5′	08 Aug 1927	9° Vir 20′
13 Aug 1926	8° Vir 18′	18 Aug 1927	9° Vir 34′
23 Aug 1926	8° Vir 33′	28 Aug 1927	9° Vir 49′
02 Sep 1926	8° Vir 47′	07 Sep 1927	10° Vir 3′
12 Sep 1926	9° Vir 2′	17 Sep 1927	10° Vir 18′
22 Sep 1926	9° Vir 16′	27 Sep 1927	10° Vir 32′
02 Oct 1926	9° Vir 30′	07 Oct 1927	10° Vir 45′
12 Oct 1926	9° Vir 42′	17 Oct 1927	10° Vir 57′
22 Oct 1926	9° Vir 54′	27 Oct 1927	11° Vir 8′
01 Nov 1926	10° Vir 3′	06 Nov 1927	11° Vir 17′
11 Nov 1926	10° Vir 11′	16 Nov 1927	11° Vir 24′
21 Nov 1926	10° Vir 17′	26 Nov 1927	11° Vir 29′
01 Dec 1926	10° Vir 20′	06 Dec 1927	11° Vir 32′
11 Dec 1926	10° Vir 22′	16 Dec 1927	11° Vir 32′
21 Dec 1926	10° Vir 21′	26 Dec 1927	11° Vir 31′
31 Dec 1926	10° Vir 17′		
1928		**1929**	
05 Jan 1928	11° Vir 26′	09 Jan 1929	12° Vir 35′
15 Jan 1928	11° Vir 20′	19 Jan 1929	12° Vir 29′
25 Jan 1928	11° Vir 12′	29 Jan 1929	12° Vir 20′
04 Feb 1928	11° Vir 3′	08 Feb 1929	12° Vir 10′
14 Feb 1928	10° Vir 52′	18 Feb 1929	11° Vir 59′
24 Feb 1928	10° Vir 41′	28 Feb 1929	11° Vir 48′
05 Mar 1928	10° Vir 29′	10 Mar 1929	11° Vir 36′
15 Mar 1928	10° Vir 18′	20 Mar 1929	11° Vir 25′
25 Mar 1928	10° Vir 7′	30 Mar 1929	11° Vir 14′
04 Apr 1928	9° Vir 57′	09 Apr 1929	11° Vir 5′
14 Apr 1928	9° Vir 49′	19 Apr 1929	10° Vir 57′
24 Apr 1928	9° Vir 42′	29 Apr 1929	10° Vir 50′
04 May 1928	9° Vir 36′	09 May 1929	10° Vir 46′
14 May 1928	9° Vir 33′	19 May 1929	10° Vir 44′
24 May 1928	9° Vir 32′	29 May 1929	10° Vir 44′
03 Jun 1928	9° Vir 34′	08 Jun 1929	10° Vir 46′
13 Jun 1928	9° Vir 37′	18 Jun 1929	10° Vir 50′
23 Jun 1928	9° Vir 43′	28 Jun 1929	10° Vir 56′
03 Jul 1928	9° Vir 50′	08 Jul 1929	11° Vir 4′
13 Jul 1928	10° Vir 0′	18 Jul 1929	11° Vir 14′
23 Jul 1928	10° Vir 10′	28 Jul 1929	11° Vir 26′
02 Aug 1928	10° Vir 23′	07 Aug 1929	11° Vir 38′
12 Aug 1928	10° Vir 36′	17 Aug 1929	11° Vir 52′
22 Aug 1928	10° Vir 50′	27 Aug 1929	12° Vir 6′

01 Sep 1928	11° Vir 5′	06 Sep 1929	12° Vir 21′
11 Sep 1928	11° Vir 19′	16 Sep 1929	12° Vir 36′
21 Sep 1928	11° Vir 34′	26 Sep 1929	12° Vir 50′
01 Oct 1928	11° Vir 48′	06 Oct 1929	13° Vir 3′
11 Oct 1928	12° Vir 1′	16 Oct 1929	13° Vir 16′
21 Oct 1928	12° Vir 12′	26 Oct 1929	13° Vir 27′
31 Oct 1928	12° Vir 22′	05 Nov 1929	13° Vir 37′
10 Nov 1928	12° Vir 31′	15 Nov 1929	13° Vir 44′
20 Nov 1928	12° Vir 37′	25 Nov 1929	13° Vir 50′
30 Nov 1928	12° Vir 41′	05 Dec 1929	13° Vir 53′
10 Dec 1928	12° Vir 43′	15 Dec 1929	13° Vir 54′
20 Dec 1928	12° Vir 43′	25 Dec 1929	13° Vir 53′
30 Dec 1928	12° Vir 40′		
1930		**1931**	
04 Jan 1930	13° Vir 50′	09 Jan 1931	14° Vir 59′
14 Jan 1930	13° Vir 44′	19 Jan 1931	14° Vir 53′
24 Jan 1930	13° Vir 37′	29 Jan 1931	14° Vir 45′
03 Feb 1930	13° Vir 28′	08 Feb 1931	14° Vir 35′
13 Feb 1930	13° Vir 17′	18 Feb 1931	14° Vir 25′
23 Feb 1930	13° Vir 6′	28 Feb 1931	14° Vir 13′
05 Mar 1930	12° Vir 55′	10 Mar 1931	14° Vir 2′
15 Mar 1930	12° Vir 43′	20 Mar 1931	13° Vir 50′
25 Mar 1930	12° Vir 32′	30 Mar 1931	13° Vir 39′
04 Apr 1930	12° Vir 22′	09 Apr 1931	13° Vir 30′
14 Apr 1930	12° Vir 13′	19 Apr 1931	13° Vir 21′
24 Apr 1930	12° Vir 5′	29 Apr 1931	13° Vir 14′
04 May 1930	12° Vir 0′	09 May 1931	13° Vir 9′
14 May 1930	11° Vir 56′	19 May 1931	13° Vir 6′
24 May 1930	11° Vir 54′	29 May 1931	13° Vir 6′
03 Jun 1930	11° Vir 55′	08 Jun 1931	13° Vir 7′
13 Jun 1930	11° Vir 58′	18 Jun 1931	13° Vir 11′
23 Jun 1930	12° Vir 3′	28 Jun 1931	13° Vir 16′
03 Jul 1930	12° Vir 10′	08 Jul 1931	13° Vir 24′
13 Jul 1930	12° Vir 19′	18 Jul 1931	13° Vir 33′
23 Jul 1930	12° Vir 29′	28 Jul 1931	13° Vir 44′
02 Aug 1930	12° Vir 41′	07 Aug 1931	13° Vir 57′
12 Aug 1930	12° Vir 54′	17 Aug 1931	14° Vir 10′
22 Aug 1930	13° Vir 8′	27 Aug 1931	14° Vir 24′
01 Sep 1930	13° Vir 23′	06 Sep 1931	14° Vir 39′
11 Sep 1930	13° Vir 37′	16 Sep 1931	14° Vir 54′
21 Sep 1930	13° Vir 52′	26 Sep 1931	15° Vir 8′
01 Oct 1930	14° Vir 6′	06 Oct 1931	15° Vir 22′
11 Oct 1930	14° Vir 19′	16 Oct 1931	15° Vir 35′
21 Oct 1930	14° Vir 31′	26 Oct 1931	15° Vir 46′
31 Oct 1930	14° Vir 42′	05 Nov 1931	15° Vir 56′
10 Nov 1930	14° Vir 51′	15 Nov 1931	16° Vir 5′
20 Nov 1930	14° Vir 58′	25 Nov 1931	16° Vir 11′
30 Nov 1930	15° Vir 3′	05 Dec 1931	16° Vir 15′
10 Dec 1930	15° Vir 5′	15 Dec 1931	16° Vir 17′
20 Dec 1930	15° Vir 5′	25 Dec 1931	16° Vir 16′
30 Dec 1930	15° Vir 3′		

1932	
04 Jan 1932	16° Vir 13′
14 Jan 1932	16° Vir 8′
24 Jan 1932	16° Vir 1′
03 Feb 1932	15° Vir 53′
13 Feb 1932	15° Vir 43′
23 Feb 1932	15° Vir 32′
04 Mar 1932	15° Vir 20′
14 Mar 1932	15° Vir 9′
24 Mar 1932	14° Vir 57′
03 Apr 1932	14° Vir 47′
13 Apr 1932	14° Vir 38′
23 Apr 1932	14° Vir 30′
03 May 1932	14° Vir 23′
13 May 1932	14° Vir 19′
23 May 1932	14° Vir 17′
02 Jun 1932	14° Vir 17′
12 Jun 1932	14° Vir 19′
22 Jun 1932	14° Vir 24′
02 Jul 1932	14° Vir 30′
12 Jul 1932	14° Vir 38′
22 Jul 1932	14° Vir 48′
01 Aug 1932	15° Vir 0′
11 Aug 1932	15° Vir 13′
21 Aug 1932	15° Vir 26′
31 Aug 1932	15° Vir 41′
10 Sep 1932	15° Vir 55′
20 Sep 1932	16° Vir 10′
30 Sep 1932	16° Vir 24′
10 Oct 1932	16° Vir 38′
20 Oct 1932	16° Vir 50′
30 Oct 1932	17° Vir 1′
09 Nov 1932	17° Vir 11′
19 Nov 1932	17° Vir 18′
29 Nov 1932	17° Vir 24′
09 Dec 1932	17° Vir 27′
19 Dec 1932	17° Vir 28′
29 Dec 1932	17° Vir 26′

1933	
08 Jan 1933	17° Vir 23′
18 Jan 1933	17° Vir 17′
28 Jan 1933	17° Vir 9′
07 Feb 1933	17° Vir 0′
17 Feb 1933	16° Vir 50′
27 Feb 1933	16° Vir 39′
09 Mar 1933	16° Vir 27′
19 Mar 1933	16° Vir 16′
29 Mar 1933	16° Vir 5′
08 Apr 1933	15° Vir 55′
18 Apr 1933	15° Vir 46′
28 Apr 1933	15° Vir 38′
08 May 1933	15° Vir 33′
18 May 1933	15° Vir 29′
28 May 1933	15° Vir 28′
07 Jun 1933	15° Vir 29′
17 Jun 1933	15° Vir 32′
27 Jun 1933	15° Vir 37′
07 Jul 1933	15° Vir 44′
17 Jul 1933	15° Vir 53′
27 Jul 1933	16° Vir 3′
06 Aug 1933	16° Vir 15′
16 Aug 1933	16° Vir 28′
26 Aug 1933	16° Vir 42′
05 Sep 1933	16° Vir 57′
15 Sep 1933	17° Vir 12′
25 Sep 1933	17° Vir 26′
05 Oct 1933	17° Vir 40′
15 Oct 1933	17° Vir 53′
25 Oct 1933	18° Vir 5′
04 Nov 1933	18° Vir 16′
14 Nov 1933	18° Vir 25′
24 Nov 1933	18° Vir 32′
04 Dec 1933	18° Vir 36′
14 Dec 1933	18° Vir 39′
24 Dec 1933	18° Vir 39′

1934	
03 Jan 1934	18° Vir 37′
13 Jan 1934	18° Vir 32′
23 Jan 1934	18° Vir 26′
02 Feb 1934	18° Vir 18′
12 Feb 1934	18° Vir 8′
22 Feb 1934	17° Vir 57′
04 Mar 1934	17° Vir 46′
14 Mar 1934	17° Vir 34′
24 Mar 1934	17° Vir 23′
03 Apr 1934	17° Vir 12′
13 Apr 1934	17° Vir 2′

1935	
08 Jan 1935	19° Vir 46′
18 Jan 1935	19° Vir 41′
28 Jan 1935	19° Vir 34′
07 Feb 1935	19° Vir 25′
17 Feb 1935	19° Vir 15′
27 Feb 1935	19° Vir 4′
09 Mar 1935	18° Vir 53′
19 Mar 1935	18° Vir 41′
29 Mar 1935	18° Vir 30′
08 Apr 1935	18° Vir 20′
18 Apr 1935	18° Vir 10′

23 Apr 1934	16° Vir 54′			28 Apr 1935	18° Vir 3′
03 May 1934	16° Vir 47′			08 May 1935	17° Vir 56′
13 May 1934	16° Vir 43′			18 May 1935	17° Vir 52′
23 May 1934	16° Vir 40′			28 May 1935	17° Vir 50′
02 Jun 1934	16° Vir 39′			07 Jun 1935	17° Vir 50′
12 Jun 1934	16° Vir 41′			17 Jun 1935	17° Vir 53′
22 Jun 1934	16° Vir 44′			27 Jun 1935	17° Vir 57′
02 Jul 1934	16° Vir 50′			07 Jul 1935	18° Vir 4′
12 Jul 1934	16° Vir 58′			17 Jul 1935	18° Vir 12′
22 Jul 1934	17° Vir 7′			27 Jul 1935	18° Vir 22′
01 Aug 1934	17° Vir 19′			06 Aug 1935	18° Vir 34′
11 Aug 1934	17° Vir 31′			16 Aug 1935	18° Vir 47′
21 Aug 1934	17° Vir 44′			26 Aug 1935	19° Vir 0′
31 Aug 1934	17° Vir 59′			05 Sep 1935	19° Vir 15′
10 Sep 1934	18° Vir 13′			15 Sep 1935	19° Vir 29′
20 Sep 1934	18° Vir 28′			25 Sep 1935	19° Vir 44′
30 Sep 1934	18° Vir 42′			05 Oct 1935	19° Vir 58′
10 Oct 1934	18° Vir 56′			15 Oct 1935	20° Vir 12′
20 Oct 1934	19° Vir 9′			25 Oct 1935	20° Vir 24′
30 Oct 1934	19° Vir 20′			04 Nov 1935	20° Vir 35′
09 Nov 1934	19° Vir 30′			14 Nov 1935	20° Vir 44′
19 Nov 1934	19° Vir 38′			24 Nov 1935	20° Vir 52′
29 Nov 1934	19° Vir 45′			04 Dec 1935	20° Vir 57′
09 Dec 1934	19° Vir 48′			14 Dec 1935	21° Vir 0′
19 Dec 1934	19° Vir 50′			24 Dec 1935	21° Vir 1′
29 Dec 1934	19° Vir 49′				
1936				**1937**	
03 Jan 1936	20° Vir 59′			07 Jan 1937	22° Vir 9′
13 Jan 1936	20° Vir 56′			17 Jan 1937	22° Vir 5′
23 Jan 1936	20° Vir 50′			27 Jan 1937	21° Vir 58′
02 Feb 1936	20° Vir 42′			06 Feb 1937	21° Vir 50′
12 Feb 1936	20° Vir 33′			16 Feb 1937	21° Vir 40′
22 Feb 1936	20° Vir 22′			26 Feb 1937	21° Vir 29′
03 Mar 1936	20° Vir 11′			08 Mar 1937	21° Vir 18′
13 Mar 1936	20° Vir 0′			18 Mar 1937	21° Vir 6′
23 Mar 1936	19° Vir 48′			28 Mar 1937	20° Vir 55′
02 Apr 1936	19° Vir 37′			07 Apr 1937	20° Vir 44′
12 Apr 1936	19° Vir 27′			17 Apr 1937	20° Vir 35′
22 Apr 1936	19° Vir 18′			27 Apr 1937	20° Vir 26′
02 May 1936	19° Vir 11′			07 May 1937	20° Vir 20′
12 May 1936	19° Vir 6′			17 May 1937	20° Vir 15′
22 May 1936	19° Vir 2′			27 May 1937	20° Vir 12′
01 Jun 1936	19° Vir 1′			06 Jun 1937	20° Vir 12′
11 Jun 1936	19° Vir 2′			16 Jun 1937	20° Vir 14′
21 Jun 1936	19° Vir 5′			26 Jun 1937	20° Vir 17′
01 Jul 1936	19° Vir 10′			06 Jul 1937	20° Vir 23′
11 Jul 1936	19° Vir 17′			16 Jul 1937	20° Vir 31′
21 Jul 1936	19° Vir 26′			26 Jul 1937	20° Vir 41′
31 Jul 1936	19° Vir 37′			05 Aug 1937	20° Vir 52′
10 Aug 1936	19° Vir 49′			15 Aug 1937	21° Vir 4′
20 Aug 1936	20° Vir 2′			25 Aug 1937	21° Vir 18′

30 Aug 1936	20°	Vir	16′	04 Sep 1937	21°	Vir	32′
09 Sep 1936	20°	Vir	31′	14 Sep 1937	21°	Vir	47′
19 Sep 1936	20°	Vir	46′	24 Sep 1937	22°	Vir	1′
29 Sep 1936	21°	Vir	0′	04 Oct 1937	22°	Vir	16′
09 Oct 1936	21°	Vir	14′	14 Oct 1937	22°	Vir	30′
19 Oct 1936	21°	Vir	27′	24 Oct 1937	22°	Vir	42′
29 Oct 1936	21°	Vir	39′	03 Nov 1937	22°	Vir	54′
08 Nov 1936	21°	Vir	49′	13 Nov 1937	23°	Vir	4′
18 Nov 1936	21°	Vir	58′	23 Nov 1937	23°	Vir	12′
28 Nov 1936	22°	Vir	5′	03 Dec 1937	23°	Vir	17′
08 Dec 1936	22°	Vir	9′	13 Dec 1937	23°	Vir	21′
18 Dec 1936	22°	Vir	12′	23 Dec 1937	23°	Vir	23′
28 Dec 1936	22°	Vir	11′				

1938				1939			
02 Jan 1938	23°	Vir	22′	07 Jan 1939	24°	Vir	31′
12 Jan 1938	23°	Vir	18′	17 Jan 1939	24°	Vir	27′
22 Jan 1938	23°	Vir	13′	27 Jan 1939	24°	Vir	21′
01 Feb 1938	23°	Vir	6′	06 Feb 1939	24°	Vir	13′
11 Feb 1938	22°	Vir	57′	16 Feb 1939	24°	Vir	4′
21 Feb 1938	22°	Vir	47′	26 Feb 1939	23°	Vir	54′
03 Mar 1938	22°	Vir	36′	08 Mar 1939	23°	Vir	42′
13 Mar 1938	22°	Vir	24′	18 Mar 1939	23°	Vir	31′
23 Mar 1938	22°	Vir	13′	28 Mar 1939	23°	Vir	19′
02 Apr 1938	22°	Vir	2′	07 Apr 1939	23°	Vir	9′
12 Apr 1938	21°	Vir	51′	17 Apr 1939	22°	Vir	59′
22 Apr 1938	21°	Vir	42′	27 Apr 1939	22°	Vir	50′
02 May 1938	21°	Vir	34′	07 May 1939	22°	Vir	43′
12 May 1938	21°	Vir	29′	17 May 1939	22°	Vir	37′
22 May 1938	21°	Vir	25′	27 May 1939	22°	Vir	34′
01 Jun 1938	21°	Vir	23′	06 Jun 1939	22°	Vir	33′
11 Jun 1938	21°	Vir	23′	16 Jun 1939	22°	Vir	34′
21 Jun 1938	21°	Vir	25′	26 Jun 1939	22°	Vir	37′
01 Jul 1938	21°	Vir	30′	06 Jul 1939	22°	Vir	43′
11 Jul 1938	21°	Vir	37′	16 Jul 1939	22°	Vir	50′
21 Jul 1938	21°	Vir	45′	26 Jul 1939	22°	Vir	59′
31 Jul 1938	21°	Vir	55′	05 Aug 1939	23°	Vir	10′
10 Aug 1938	22°	Vir	7′	15 Aug 1939	23°	Vir	22′
20 Aug 1938	22°	Vir	20′	25 Aug 1939	23°	Vir	35′
30 Aug 1938	22°	Vir	34′	04 Sep 1939	23°	Vir	49′
09 Sep 1938	22°	Vir	48′	14 Sep 1939	24°	Vir	4′
19 Sep 1938	23°	Vir	3′	24 Sep 1939	24°	Vir	18′
29 Sep 1938	23°	Vir	17′	04 Oct 1939	24°	Vir	33′
09 Oct 1938	23°	Vir	31′	14 Oct 1939	24°	Vir	47′
19 Oct 1938	23°	Vir	45′	24 Oct 1939	25°	Vir	0′
29 Oct 1938	23°	Vir	57′	03 Nov 1939	25°	Vir	12′
08 Nov 1938	24°	Vir	8′	13 Nov 1939	25°	Vir	22′
18 Nov 1938	24°	Vir	17′	23 Nov 1939	25°	Vir	31′
28 Nov 1938	24°	Vir	24′	03 Dec 1939	25°	Vir	37′
08 Dec 1938	24°	Vir	30′	13 Dec 1939	25°	Vir	41′
18 Dec 1938	24°	Vir	33′	23 Dec 1939	25°	Vir	44′
28 Dec 1938	24°	Vir	33′				

1940		1941	
02 Jan 1940	25° Vir 43′	06 Jan 1941	26° Vir 53′
12 Jan 1940	25° Vir 41′	16 Jan 1941	26° Vir 50′
22 Jan 1940	25° Vir 36′	26 Jan 1941	26° Vir 44′
01 Feb 1940	25° Vir 29′	05 Feb 1941	26° Vir 37′
11 Feb 1940	25° Vir 21′	15 Feb 1941	26° Vir 28′
21 Feb 1940	25° Vir 11′	25 Feb 1941	26° Vir 18′
02 Mar 1940	25° Vir 0′	07 Mar 1941	26° Vir 7′
12 Mar 1940	24° Vir 49′	17 Mar 1941	25° Vir 55′
22 Mar 1940	24° Vir 37′	27 Mar 1941	25° Vir 44′
01 Apr 1940	24° Vir 26′	06 Apr 1941	25° Vir 33′
11 Apr 1940	24° Vir 15′	16 Apr 1941	25° Vir 22′
21 Apr 1940	24° Vir 6′	26 Apr 1941	25° Vir 13′
01 May 1940	23° Vir 58′	06 May 1941	25° Vir 6′
11 May 1940	23° Vir 51′	16 May 1941	25° Vir 0′
21 May 1940	23° Vir 47′	26 May 1941	24° Vir 56′
31 May 1940	23° Vir 44′	05 Jun 1941	24° Vir 54′
10 Jun 1940	23° Vir 44′	15 Jun 1941	24° Vir 55′
20 Jun 1940	23° Vir 46′	25 Jun 1941	24° Vir 57′
30 Jun 1940	23° Vir 49′	05 Jul 1941	25° Vir 2′
10 Jul 1940	23° Vir 56′	15 Jul 1941	25° Vir 9′
20 Jul 1940	24° Vir 3′	25 Jul 1941	25° Vir 17′
30 Jul 1940	24° Vir 13′	04 Aug 1941	25° Vir 28′
09 Aug 1940	24° Vir 25′	14 Aug 1941	25° Vir 39′
19 Aug 1940	24° Vir 37′	24 Aug 1941	25° Vir 52′
29 Aug 1940	24° Vir 51′	03 Sep 1941	26° Vir 6′
08 Sep 1940	25° Vir 5′	13 Sep 1941	26° Vir 21′
18 Sep 1940	25° Vir 20′	23 Sep 1941	26° Vir 35′
28 Sep 1940	25° Vir 34′	03 Oct 1941	26° Vir 50′
08 Oct 1940	25° Vir 49′	13 Oct 1941	27° Vir 4′
18 Oct 1940	26° Vir 2′	23 Oct 1941	27° Vir 17′
28 Oct 1940	26° Vir 15′	02 Nov 1941	27° Vir 30′
07 Nov 1940	26° Vir 26′	12 Nov 1941	27° Vir 41′
17 Nov 1940	26° Vir 36′	22 Nov 1941	27° Vir 50′
27 Nov 1940	26° Vir 44′	02 Dec 1941	27° Vir 57′
07 Dec 1940	26° Vir 50′	12 Dec 1941	28° Vir 2′
17 Dec 1940	26° Vir 53′	22 Dec 1941	28° Vir 4′
27 Dec 1940	26° Vir 54′		

1942		1943	
01 Jan 1942	28° Vir 5′	06 Jan 1943	29° Vir 15′
11 Jan 1942	28° Vir 3′	16 Jan 1943	29° Vir 12′
21 Jan 1942	27° Vir 59′	26 Jan 1943	29° Vir 8′
31 Jan 1942	27° Vir 53′	05 Feb 1943	29° Vir 1′
10 Feb 1942	27° Vir 45′	15 Feb 1943	28° Vir 52′
20 Feb 1942	27° Vir 35′	25 Feb 1943	28° Vir 42′
02 Mar 1942	27° Vir 25′	07 Mar 1943	28° Vir 32′
12 Mar 1942	27° Vir 13′	17 Mar 1943	28° Vir 20′
22 Mar 1942	27° Vir 2′	27 Mar 1943	28° Vir 9′
01 Apr 1942	26° Vir 51′	06 Apr 1943	27° Vir 57′
11 Apr 1942	26° Vir 40′	16 Apr 1943	27° Vir 47′

21 Apr 1942	26° Vir 30′	26 Apr 1943	27° Vir 37′
01 May 1942	26° Vir 21′	06 May 1943	27° Vir 29′
11 May 1942	26° Vir 14′	16 May 1943	27° Vir 23′
21 May 1942	26° Vir 9′	26 May 1943	27° Vir 19′
31 May 1942	26° Vir 6′	05 Jun 1943	27° Vir 16′
10 Jun 1942	26° Vir 5′	15 Jun 1943	27° Vir 16′
20 Jun 1942	26° Vir 6′	25 Jun 1943	27° Vir 18′
30 Jun 1942	26° Vir 9′	05 Jul 1943	27° Vir 22′
10 Jul 1942	26° Vir 15′	15 Jul 1943	27° Vir 28′
20 Jul 1942	26° Vir 22′	25 Jul 1943	27° Vir 36′
30 Jul 1942	26° Vir 32′	04 Aug 1943	27° Vir 46′
09 Aug 1942	26° Vir 42′	14 Aug 1943	27° Vir 58′
19 Aug 1942	26° Vir 55′	24 Aug 1943	28° Vir 10′
29 Aug 1942	27° Vir 8′	03 Sep 1943	28° Vir 24′
08 Sep 1942	27° Vir 22′	13 Sep 1943	28° Vir 38′
18 Sep 1942	27° Vir 37′	23 Sep 1943	28° Vir 53′
28 Sep 1942	27° Vir 51′	03 Oct 1943	29° Vir 7′
08 Oct 1942	28° Vir 6′	13 Oct 1943	29° Vir 22′
18 Oct 1942	28° Vir 20′	23 Oct 1943	29° Vir 35′
28 Oct 1942	28° Vir 33′	02 Nov 1943	29° Vir 48′
07 Nov 1942	28° Vir 45′	12 Nov 1943	29° Vir 59′
17 Nov 1942	28° Vir 55′	22 Nov 1943	0° Lib 9′
27 Nov 1942	29° Vir 3′	02 Dec 1943	0° Lib 17′
07 Dec 1942	29° Vir 10′	12 Dec 1943	0° Lib 22′
17 Dec 1942	29° Vir 14′	22 Dec 1943	0° Lib 26′
27 Dec 1942	29° Vir 16′		

1944		1945	
01 Jan 1944	0° Lib 27′	05 Jan 1945	1° Lib 38′
11 Jan 1944	0° Lib 25′	15 Jan 1945	1° Lib 35′
21 Jan 1944	0° Lib 22′	25 Jan 1945	1° Lib 31′
31 Jan 1944	0° Lib 16′	04 Feb 1945	1° Lib 25′
10 Feb 1944	0° Lib 9′	14 Feb 1945	1° Lib 17′
20 Feb 1944	0° Lib 0′	24 Feb 1945	1° Lib 7′
01 Mar 1944	29° Vir 50′	06 Mar 1945	0° Lib 57′
11 Mar 1944	29° Vir 38′	16 Mar 1945	0° Lib 45′
21 Mar 1944	29° Vir 27′	26 Mar 1945	0° Lib 34′
31 Mar 1944	29° Vir 16′	05 Apr 1945	0° Lib 23′
10 Apr 1944	29° Vir 5′	15 Apr 1945	0° Lib 12′
20 Apr 1944	28° Vir 54′	25 Apr 1945	0° Lib 2′
30 Apr 1944	28° Vir 45′	05 May 1945	29° Vir 54′
10 May 1944	28° Vir 38′	15 May 1945	29° Vir 47′
20 May 1944	28° Vir 32′	25 May 1945	29° Vir 42′
30 May 1944	28° Vir 28′	04 Jun 1945	29° Vir 39′
09 Jun 1944	28° Vir 27′	14 Jun 1945	29° Vir 38′
19 Jun 1944	28° Vir 27′	24 Jun 1945	29° Vir 39′
29 Jun 1944	28° Vir 30′	04 Jul 1945	29° Vir 43′
09 Jul 1944	28° Vir 35′	14 Jul 1945	29° Vir 48′
19 Jul 1944	28° Vir 42′	24 Jul 1945	29° Vir 56′
29 Jul 1944	28° Vir 51′	03 Aug 1945	0° Lib 5′
08 Aug 1944	29° Vir 1′	13 Aug 1945	0° Lib 16′
18 Aug 1944	29° Vir 13′	23 Aug 1945	0° Lib 28′

Date	Position	Date	Position
28 Aug 1944	29° Vir 26′	02 Sep 1945	0° Lib 42′
07 Sep 1944	29° Vir 40′	12 Sep 1945	0° Lib 56′
17 Sep 1944	29° Vir 54′	22 Sep 1945	1° Lib 11′
27 Sep 1944	0° li 9′	02 Oct 1945	1° Lib 25′
07 Oct 1944	0° li 24′	12 Oct 1945	1° Lib 40′
17 Oct 1944	0° li 38′	22 Oct 1945	1° Lib 54′
27 Oct 1944	0° li 51′	01 Nov 1945	2° Lib 7′
06 Nov 1944	1° li 3′	11 Nov 1945	2° Lib 18′
16 Nov 1944	1° li 14′	21 Nov 1945	2° Lib 28′
26 Nov 1944	1° li 23′	01 Dec 1945	2° Lib 37′
06 Dec 1944	1° li 30′	11 Dec 1945	2° Lib 43′
16 Dec 1944	1° li 35′	21 Dec 1945	2° Lib 47′
26 Dec 1944	1° li 37′	31 Dec 1945	2° Lib 49′

1946		1947	
10 Jan 1946	2° Lib 48′	05 Jan 1947	4° Lib 0′
20 Jan 1946	2° Lib 45′	15 Jan 1947	3° Lib 59′
30 Jan 1946	2° Lib 40′	25 Jan 1947	3° Lib 55′
09 Feb 1946	2° Lib 33′	04 Feb 1947	3° Lib 49′
19 Feb 1946	2° Lib 25′	14 Feb 1947	3° Lib 42′
01 Mar 1946	2° Lib 15′	24 Feb 1947	3° Lib 33′
11 Mar 1946	2° Lib 4′	06 Mar 1947	3° Lib 22′
21 Mar 1946	1° Lib 53′	16 Mar 1947	3° Lib 11′
31 Mar 1946	1° Lib 41′	26 Mar 1947	3° Lib 0′
10 Apr 1946	1° Lib 30′	05 Apr 1947	2° Lib 48′
20 Apr 1946	1° Lib 19′	15 Apr 1947	2° Lib 37′
30 Apr 1946	1° Lib 10′	25 Apr 1947	2° Lib 27′
10 May 1946	1° Lib 2′	05 May 1947	2° Lib 18′
20 May 1946	0° Lib 56′	15 May 1947	2° Lib 11′
30 May 1946	0° Lib 52′	25 May 1947	2° Lib 5′
09 Jun 1946	0° Lib 49′	04 Jun 1947	2° Lib 2′
19 Jun 1946	0° Lib 49′	14 Jun 1947	2° Lib 0′
29 Jun 1946	0° Lib 51′	24 Jun 1947	2° Lib 1′
09 Jul 1946	0° Lib 56′	04 Jul 1947	2° Lib 4′
19 Jul 1946	1° Lib 2′	14 Jul 1947	2° Lib 9′
29 Jul 1946	1° Lib 10′	24 Jul 1947	2° Lib 16′
08 Aug 1946	1° Lib 20′	03 Aug 1947	2° Lib 25′
18 Aug 1946	1° Lib 32′	13 Aug 1947	2° Lib 35′
28 Aug 1946	1° Lib 44′	23 Aug 1947	2° Lib 47′
07 Sep 1946	1° Lib 58′	02 Sep 1947	3° Lib 0′
17 Sep 1946	2° Lib 12′	12 Sep 1947	3° Lib 14′
27 Sep 1946	2° Lib 27′	22 Sep 1947	3° Lib 29′
07 Oct 1946	2° Lib 42′	02 Oct 1947	3° Lib 43′
17 Oct 1946	2° Lib 56′	12 Oct 1947	3° Lib 58′
27 Oct 1946	3° Lib 10′	22 Oct 1947	4° Lib 12′
06 Nov 1946	3° Lib 22′	01 Nov 1947	4° Lib 25′
16 Nov 1946	3° Lib 33′	11 Nov 1947	4° Lib 38′
26 Nov 1946	3° Lib 43′	21 Nov 1947	4° Lib 48′
06 Dec 1946	3° Lib 50′	01 Dec 1947	4° Lib 57′
16 Dec 1946	3° Lib 56′	11 Dec 1947	5° Lib 4′
26 Dec 1946	3° Lib 59′	21 Dec 1947	5° Lib 9′
		31 Dec 1947	5° Lib 11′

1948	
10 Jan 1948	5° Lib 11′
20 Jan 1948	5° Lib 9′
30 Jan 1948	5° Lib 4′
09 Feb 1948	4° Lib 58′
19 Feb 1948	4° Lib 50′
29 Feb 1948	4° Lib 40′
10 Mar 1948	4° Lib 29′
20 Mar 1948	4° Lib 18′
30 Mar 1948	4° Lib 7′
09 Apr 1948	3° Lib 55′
19 Apr 1948	3° Lib 45′
29 Apr 1948	3° Lib 35′
09 May 1948	3° Lib 27′
19 May 1948	3° Lib 20′
29 May 1948	3° Lib 15′
08 Jun 1948	3° Lib 12′
18 Jun 1948	3° Lib 11′
28 Jun 1948	3° Lib 13′
08 Jul 1948	3° Lib 16′
18 Jul 1948	3° Lib 22′
28 Jul 1948	3° Lib 30′
07 Aug 1948	3° Lib 39′
17 Aug 1948	3° Lib 50′
27 Aug 1948	4° Lib 3′
06 Sep 1948	4° Lib 16′
16 Sep 1948	4° Lib 30′
26 Sep 1948	4° Lib 45′
06 Oct 1948	5° Lib 0′
16 Oct 1948	5° Lib 14′
26 Oct 1948	5° Lib 28′
05 Nov 1948	5° Lib 41′
15 Nov 1948	5° Lib 53′
25 Nov 1948	6° Lib 3′
05 Dec 1948	6° Lib 11′
15 Dec 1948	6° Lib 17′
25 Dec 1948	6° Lib 21′

1949	
04 Jan 1949	6° Lib 22′
14 Jan 1949	6° Lib 22′
24 Jan 1949	6° Lib 19′
03 Feb 1949	6° Lib 13′
13 Feb 1949	6° Lib 6′
23 Feb 1949	5° Lib 58′
05 Mar 1949	5° Lib 48′
15 Mar 1949	5° Lib 37′
25 Mar 1949	5° Lib 25′
04 Apr 1949	5° Lib 14′
14 Apr 1949	5° Lib 3′
24 Apr 1949	4° Lib 52′
04 May 1949	4° Lib 43′
14 May 1949	4° Lib 35′
24 May 1949	4° Lib 29′
03 Jun 1949	4° Lib 25′
13 Jun 1949	4° Lib 23′
23 Jun 1949	4° Lib 23′
03 Jul 1949	4° Lib 25′
13 Jul 1949	4° Lib 29′
23 Jul 1949	4° Lib 36′
02 Aug 1949	4° Lib 44′
12 Aug 1949	4° Lib 54′
22 Aug 1949	5° Lib 6′
01 Sep 1949	5° Lib 19′
11 Sep 1949	5° Lib 32′
21 Sep 1949	5° Lib 47′
01 Oct 1949	6° Lib 2′
11 Oct 1949	6° Lib 16′
21 Oct 1949	6° Lib 30′
31 Oct 1949	6° Lib 44′
10 Nov 1949	6° Lib 57′
20 Nov 1949	7° Lib 8′
30 Nov 1949	7° Lib 17′
10 Dec 1949	7° Lib 24′
20 Dec 1949	7° Lib 30′
30 Dec 1949	7° Lib 33′

1950	
09 Jan 1950	7° Lib 33′
19 Jan 1950	7° Lib 32′
29 Jan 1950	7° Lib 28′
08 Feb 1950	7° Lib 22′
18 Feb 1950	7° Lib 15′
28 Feb 1950	7° Lib 5′
10 Mar 1950	6° Lib 55′
20 Mar 1950	6° Lib 44′
30 Mar 1950	6° Lib 32′
09 Apr 1950	6° Lib 21′
19 Apr 1950	6° Lib 10′

1951	
04 Jan 1951	8° Lib 44′
14 Jan 1951	8° Lib 44′
24 Jan 1951	8° Lib 42′
03 Feb 1951	8° Lib 37′
13 Feb 1951	8° Lib 31′
23 Feb 1951	8° Lib 22′
05 Mar 1951	8° Lib 13′
15 Mar 1951	8° Lib 2′
25 Mar 1951	7° Lib 51′
04 Apr 1951	7° Lib 39′
14 Apr 1951	7° Lib 28′

29 Apr 1950	6° Lib 0′	24 Apr 1951	7° Lib 17′
09 May 1950	5° Lib 51′	04 May 1951	7° Lib 8′
19 May 1950	5° Lib 44′	14 May 1951	6° Lib 59′
29 May 1950	5° Lib 38′	24 May 1951	6° Lib 53′
08 Jun 1950	5° Lib 35′	03 Jun 1951	6° Lib 48′
18 Jun 1950	5° Lib 34′	13 Jun 1951	6° Lib 45′
28 Jun 1950	5° Lib 34′	23 Jun 1951	6° Lib 45′
08 Jul 1950	5° Lib 37′	03 Jul 1951	6° Lib 46′
18 Jul 1950	5° Lib 42′	13 Jul 1951	6° Lib 50′
28 Jul 1950	5° Lib 50′	23 Jul 1951	6° Lib 56′
07 Aug 1950	5° Lib 59′	02 Aug 1951	7° Lib 4′
17 Aug 1950	6° Lib 9′	12 Aug 1951	7° Lib 13′
27 Aug 1950	6° Lib 21′	22 Aug 1951	7° Lib 24′
06 Sep 1950	6° Lib 34′	01 Sep 1951	7° Lib 37′
16 Sep 1950	6° Lib 49′	11 Sep 1951	7° Lib 50′
26 Sep 1950	7° Lib 3′	21 Sep 1951	8° Lib 5′
06 Oct 1950	7° Lib 18′	01 Oct 1951	8° Lib 19′
16 Oct 1950	7° Lib 32′	11 Oct 1951	8° Lib 34′
26 Oct 1950	7° Lib 47′	21 Oct 1951	8° Lib 49′
05 Nov 1950	8° Lib 0′	31 Oct 1951	9° Lib 2′
15 Nov 1950	8° Lib 12′	10 Nov 1951	9° Lib 15′
25 Nov 1950	8° Lib 22′	20 Nov 1951	9° Lib 27′
05 Dec 1950	8° Lib 31′	30 Nov 1951	9° Lib 37′
15 Dec 1950	8° Lib 38′	10 Dec 1951	9° Lib 45′
25 Dec 1950	8° Lib 42′	20 Dec 1951	9° Lib 51′
		30 Dec 1951	9° Lib 54′
1952		**1953**	
09 Jan 1952	9° Lib 56′	03 Jan 1953	11° Lib 6′
19 Jan 1952	9° Lib 55′	13 Jan 1953	11° Lib 7′
29 Jan 1952	9° Lib 52′	23 Jan 1953	11° Lib 5′
08 Feb 1952	9° Lib 46′	02 Feb 1953	11° Lib 1′
18 Feb 1952	9° Lib 39′	12 Feb 1953	10° Lib 55′
28 Feb 1952	9° Lib 30′	22 Feb 1953	10° Lib 47′
09 Mar 1952	9° Lib 20′	04 Mar 1953	10° Lib 38′
19 Mar 1952	9° Lib 9′	14 Mar 1953	10° Lib 27′
29 Mar 1952	8° Lib 58′	24 Mar 1953	10° Lib 16′
08 Apr 1952	8° Lib 46′	03 Apr 1953	10° Lib 5′
18 Apr 1952	8° Lib 35′	13 Apr 1953	9° Lib 53′
28 Apr 1952	8° Lib 25′	23 Apr 1953	9° Lib 43′
08 May 1952	8° Lib 16′	03 May 1953	9° Lib 33′
18 May 1952	8° Lib 8′	13 May 1953	9° Lib 24′
28 May 1952	8° Lib 2′	23 May 1953	9° Lib 17′
07 Jun 1952	7° Lib 58′	02 Jun 1953	9° Lib 11′
17 Jun 1952	7° Lib 56′	12 Jun 1953	9° Lib 8′
27 Jun 1952	7° Lib 56′	22 Jun 1953	9° Lib 7′
07 Jul 1952	7° Lib 58′	02 Jul 1953	9° Lib 8′
17 Jul 1952	8° Lib 3′	12 Jul 1953	9° Lib 11′
27 Jul 1952	8° Lib 9′	22 Jul 1953	9° Lib 16′
06 Aug 1952	8° Lib 18′	01 Aug 1953	9° Lib 23′
16 Aug 1952	8° Lib 28′	11 Aug 1953	9° Lib 32′
26 Aug 1952	8° Lib 40′	21 Aug 1953	9° Lib 43′

05 Sep 1952	8° Lib 53′
15 Sep 1952	9° Lib 7′
25 Sep 1952	9° Lib 21′
05 Oct 1952	9° Lib 36′
15 Oct 1952	9° Lib 50′
25 Oct 1952	10° Lib 5′
04 Nov 1952	10° Lib 18′
14 Nov 1952	10° Lib 31′
24 Nov 1952	10° Lib 42′
04 Dec 1952	10° Lib 51′
14 Dec 1952	10° Lib 58′
24 Dec 1952	11° Lib 3′

31 Aug 1953	9° Lib 55′
10 Sep 1953	10° Lib 9′
20 Sep 1953	10° Lib 23′
30 Sep 1953	10° Lib 37′
10 Oct 1953	10° Lib 52′
20 Oct 1953	11° Lib 7′
30 Oct 1953	11° Lib 21′
09 Nov 1953	11° Lib 34′
19 Nov 1953	11° Lib 46′
29 Nov 1953	11° Lib 56′
09 Dec 1953	12° Lib 5′
19 Dec 1953	12° Lib 12′
29 Dec 1953	12° Lib 16′

1954

08 Jan 1954	12° Lib 18′
18 Jan 1954	12° Lib 18′
28 Jan 1954	12° Lib 15′
07 Feb 1954	12° Lib 10′
17 Feb 1954	12° Lib 4′
27 Feb 1954	11° Lib 55′
09 Mar 1954	11° Lib 46′
19 Mar 1954	11° Lib 35′
29 Mar 1954	11° Lib 23′
08 Apr 1954	11° Lib 12′
18 Apr 1954	11° Lib 1′
28 Apr 1954	10° Lib 50′
08 May 1954	10° Lib 41′
18 May 1954	10° Lib 32′
28 May 1954	10° Lib 26′
07 Jun 1954	10° Lib 21′
17 Jun 1954	10° Lib 19′
27 Jun 1954	10° Lib 18′
07 Jul 1954	10° Lib 20′
17 Jul 1954	10° Lib 24′
27 Jul 1954	10° Lib 30′
06 Aug 1954	10° Lib 38′
16 Aug 1954	10° Lib 47′
26 Aug 1954	10° Lib 59′
05 Sep 1954	11° Lib 11′
15 Sep 1954	11° Lib 25′
25 Sep 1954	11° Lib 39′
05 Oct 1954	11° Lib 54′
15 Oct 1954	12° Lib 9′
25 Oct 1954	12° Lib 23′
04 Nov 1954	12° Lib 37′
14 Nov 1954	12° Lib 50
24 Nov 1954	13° Lib 1′
04 Dec 1954	13° Lib 11′
14 Dec 1954	13° Lib 19′
24 Dec 1954	13° Lib 25′

1955

03 Jan 1955	13° Lib 28′
13 Jan 1955	13° Lib 29′
23 Jan 1955	13° Lib 28′
02 Feb 1955	13° Lib 25′
12 Feb 1955	13° Lib 20′
22 Feb 1955	13° Lib 12′
04 Mar 1955	13° Lib 3′
14 Mar 1955	12° Lib 53′
24 Mar 1955	12° Lib 42′
03 Apr 1955	12° Lib 31′
13 Apr 1955	12° Lib 19′
23 Apr 1955	12° Lib 8′
03 May 1955	11° Lib 58′
13 May 1955	11° Lib 49′
23 May 1955	11° Lib 41′
02 Jun 1955	11° Lib 35′
12 Jun 1955	11° Lib 31′
22 Jun 1955	11° Lib 30′
02 Jul 1955	11° Lib 30′
12 Jul 1955	11° Lib 32′
22 Jul 1955	11° Lib 37′
01 Aug 1955	11° Lib 44′
11 Aug 1955	11° Lib 52′
21 Aug 1955	12° Lib 3′
31 Aug 1955	12° Lib 14′
10 Sep 1955	12° Lib 27′
20 Sep 1955	12° Lib 41′
30 Sep 1955	12° Lib 56′
10 Oct 1955	13° Lib 11′
20 Oct 1955	13° Lib 25′
30 Oct 1955	13° Lib 40′
09 Nov 1955	13° Lib 53′
19 Nov 1955	14° Lib 5′
29 Nov 1955	14° Lib 16′
09 Dec 1955	14° Lib 26′
19 Dec 1955	14° Lib 33′
29 Dec 1955	14° Lib 38′

1956	
08 Jan 1956	14° Lib 40′
18 Jan 1956	14° Lib 41′
28 Jan 1956	14° Lib 39′
07 Feb 1956	14° Lib 35′
17 Feb 1956	14° Lib 29′
27 Feb 1956	14° Lib 21′
08 Mar 1956	14° Lib 11′
18 Mar 1956	14° Lib 1′
28 Mar 1956	13° Lib 50′
07 Apr 1956	13° Lib 38′
17 Apr 1956	13° Lib 27′
27 Apr 1956	13° Lib 16′
07 May 1956	13° Lib 6′
17 May 1956	12° Lib 57′
27 May 1956	12° Lib 50′
06 Jun 1956	12° Lib 45′
16 Jun 1956	12° Lib 42′
26 Jun 1956	12° Lib 41′
06 Jul 1956	12° Lib 42′
16 Jul 1956	12° Lib 45′
26 Jul 1956	12° Lib 51′
05 Aug 1956	12° Lib 58′
15 Aug 1956	13° Lib 7′
25 Aug 1956	13° Lib 18′
04 Sep 1956	13° Lib 30′
14 Sep 1956	13° Lib 44′
24 Sep 1956	13° Lib 58′
04 Oct 1956	14° Lib 13′
14 Oct 1956	14° Lib 27′
24 Oct 1956	14° Lib 42′
03 Nov 1956	14° Lib 56′
13 Nov 1956	15° Lib 9′
23 Nov 1956	15° Lib 21′
03 Dec 1956	15° Lib 31′
13 Dec 1956	15° Lib 40′
23 Dec 1956	15° Lib 46′

1957	
02 Jan 1957	15° Lib 51′
12 Jan 1957	15° Lib 52′
22 Jan 1957	15° Lib 52′
01 Feb 1957	15° Lib 49′
11 Feb 1957	15° Lib 44′
21 Feb 1957	15° Lib 38′
03 Mar 1957	15° Lib 29′
13 Mar 1957	15° Lib 19′
23 Mar 1957	15° Lib 8′
02 Apr 1957	14° Lib 57′
12 Apr 1957	14° Lib 46′
22 Apr 1957	14° Lib 34′
02 May 1957	14° Lib 24′
12 May 1957	14° Lib 14′
22 May 1957	14° Lib 6′
01 Jun 1957	14° Lib 0′
11 Jun 1957	13° Lib 55′
21 Jun 1957	13° Lib 53′
01 Jul 1957	13° Lib 53′
11 Jul 1957	13° Lib 54′
21 Jul 1957	13° Lib 58′
31 Jul 1957	14° Lib 5′
10 Aug 1957	14° Lib 13′
20 Aug 1957	14° Lib 22′
30 Aug 1957	14° Lib 34′
09 Sep 1957	14° Lib 47′
19 Sep 1957	15° Lib 0′
29 Sep 1957	15° Lib 15′
09 Oct 1957	15° Lib 29′
19 Oct 1957	15° Lib 44′
29 Oct 1957	15° Lib 59′
08 Nov 1957	16° Lib 12′
18 Nov 1957	16° Lib 25′
28 Nov 1957	16° Lib 37′
08 Dec 1957	16° Lib 46′
18 Dec 1957	16° Lib 54′
28 Dec 1957	17° Lib 0′

1958	
07 Jan 1958	17° Lib 3′
17 Jan 1958	17° Lib 4′
27 Jan 1958	17° Lib 3′
06 Feb 1958	16° Lib 59′
16 Feb 1958	16° Lib 54′
26 Feb 1958	16° Lib 46′
08 Mar 1958	16° Lib 37′
18 Mar 1958	16° Lib 27′
28 Mar 1958	16° Lib 16′
07 Apr 1958	16° Lib 5′
17 Apr 1958	15° Lib 53′

1959	
02 Jan 1959	18° Lib 13′
12 Jan 1959	18° Lib 15′
22 Jan 1959	18° Lib 16′
01 Feb 1959	18° Lib 14′
11 Feb 1959	18° Lib 9′
21 Feb 1959	18° Lib 3′
03 Mar 1959	17° Lib 55′
13 Mar 1959	17° Lib 45′
23 Mar 1959	17° Lib 35′
02 Apr 1959	17° Lib 24′
12 Apr 1959	17° Lib 12′

27 Apr 1958	15° Lib 42′
07 May 1958	15° Lib 32′
17 May 1958	15° Lib 23′
27 May 1958	15° Lib 15′
06 Jun 1958	15° Lib 10′
16 Jun 1958	15° Lib 6′
26 Jun 1958	15° Lib 4′
06 Jul 1958	15° Lib 5′
16 Jul 1958	15° Lib 7′
26 Jul 1958	15° Lib 12′
05 Aug 1958	15° Lib 19′
15 Aug 1958	15° Lib 27′
25 Aug 1958	15° Lib 38′
04 Sep 1958	15° Lib 50′
14 Sep 1958	16° Lib 3′
24 Sep 1958	16° Lib 17′
04 Oct 1958	16° Lib 32′
14 Oct 1958	16° Lib 46′
24 Oct 1958	17° Lib 1′
03 Nov 1958	17° Lib 15′
13 Nov 1958	17° Lib 29′
23 Nov 1958	17° Lib 41′
03 Dec 1958	17° Lib 52′
13 Dec 1958	18° Lib 1′
23 Dec 1958	18° Lib 8′

22 Apr 1959	17° Lib 1′
02 May 1959	16° Lib 50′
12 May 1959	16° Lib 40′
22 May 1959	16° Lib 32′
01 Jun 1959	16° Lib 25′
11 Jun 1959	16° Lib 20′
21 Jun 1959	16° Lib 17′
01 Jul 1959	16° Lib 16′
11 Jul 1959	16° Lib 17′
21 Jul 1959	16° Lib 20′
31 Jul 1959	16° Lib 26′
10 Aug 1959	16° Lib 33′
20 Aug 1959	16° Lib 43′
30 Aug 1959	16° Lib 54′
09 Sep 1959	17° Lib 6′
19 Sep 1959	17° Lib 19′
29 Sep 1959	17° Lib 34′
09 Oct 1959	17° Lib 48′
19 Oct 1959	18° Lib 3′
29 Oct 1959	18° Lib 18′
08 Nov 1959	18° Lib 32′
18 Nov 1959	18° Lib 45′
28 Nov 1959	18° Lib 57′
08 Dec 1959	19° Lib 7′
18 Dec 1959	19° Lib 15′
28 Dec 1959	19° Lib 22′

1960

07 Jan 1960	19° Lib 26′
17 Jan 1960	19° Lib 27′
27 Jan 1960	19° Lib 27′
06 Feb 1960	19° Lib 24′
16 Feb 1960	19° Lib 19′
26 Feb 1960	19° Lib 12′
07 Mar 1960	19° Lib 3′
17 Mar 1960	18° Lib 53′
27 Mar 1960	18° Lib 43′
06 Apr 1960	18° Lib 31′
16 Apr 1960	18° Lib 20′
26 Apr 1960	18° Lib 9′
06 May 1960	17° Lib 58′
16 May 1960	17° Lib 49′
26 May 1960	17° Lib 41′
05 Jun 1960	17° Lib 34′
15 Jun 1960	17° Lib 30′
25 Jun 1960	17° Lib 28′
05 Jul 1960	17° Lib 27′
15 Jul 1960	17° Lib 29′
25 Jul 1960	17° Lib 34′
04 Aug 1960	17° Lib 40′
14 Aug 1960	17° Lib 48′
24 Aug 1960	17° Lib 58′

1961

01 Jan 1961	20° Lib 35′
11 Jan 1961	20° Lib 38′
21 Jan 1961	20° Lib 39′
31 Jan 1961	20° Lib 38′
10 Feb 1961	20° Lib 34′
20 Feb 1961	20° Lib 28′
02 Mar 1961	20° Lib 21′
12 Mar 1961	20° Lib 12′
22 Mar 1961	20° Lib 1′
01 Apr 1961	19° Lib 50′
11 Apr 1961	19° Lib 39′
21 Apr 1961	19° Lib 27′
01 May 1961	19° Lib 16′
11 May 1961	19° Lib 6′
21 May 1961	18° Lib 57′
31 May 1961	18° Lib 50′
10 Jun 1961	18° Lib 44′
20 Jun 1961	18° Lib 40′
30 Jun 1961	18° Lib 39′
10 Jul 1961	18° Lib 39′
20 Jul 1961	18° Lib 42′
30 Jul 1961	18° Lib 47′
09 Aug 1961	18° Lib 54′
19 Aug 1961	19° Lib 3′

03 Sep 1960	18° Lib 9′	29 Aug 1961	19° Lib 13′
13 Sep 1960	18° Lib 22′	08 Sep 1961	19° Lib 25′
23 Sep 1960	18° Lib 36′	18 Sep 1961	19° Lib 39′
03 Oct 1960	18° Lib 51′	28 Sep 1961	19° Lib 53′
13 Oct 1960	19° Lib 5′	08 Oct 1961	20° Lib 7′
23 Oct 1960	19° Lib 20′	18 Oct 1961	20° Lib 22′
02 Nov 1960	19° Lib 35′	28 Oct 1961	20° Lib 37′
12 Nov 1960	19° Lib 48′	07 Nov 1961	20° Lib 51′
22 Nov 1960	20° Lib 1′	17 Nov 1961	21° Lib 5′
02 Dec 1960	20° Lib 12′	27 Nov 1961	21° Lib 17′
12 Dec 1960	20° Lib 22′	07 Dec 1961	21° Lib 28′
22 Dec 1960	20° Lib 30′	17 Dec 1961	21° Lib 36′
		27 Dec 1961	21° Lib 43′
1962		**1963**	
06 Jan 1962	21° Lib 48′	01 Jan 1963	22° Lib 57′
16 Jan 1962	21° Lib 51′	11 Jan 1963	23° Lib 1′
26 Jan 1962	21° Lib 51′	21 Jan 1963	23° Lib 2′
05 Feb 1962	21° Lib 48′	31 Jan 1963	23° Lib 2′
15 Feb 1962	21° Lib 44′	10 Feb 1963	22° Lib 59′
25 Feb 1962	21° Lib 37′	20 Feb 1963	22° Lib 54′
07 Mar 1962	21° Lib 29′	02 Mar 1963	22° Lib 46′
17 Mar 1962	21° Lib 20′	12 Mar 1963	22° Lib 38′
27 Mar 1962	21° Lib 9′	22 Mar 1963	22° Lib 28′
06 Apr 1962	20° Lib 58′	01 Apr 1963	22° Lib 17′
16 Apr 1962	20° Lib 46′	11 Apr 1963	22° Lib 5′
26 Apr 1962	20° Lib 35′	21 Apr 1963	21° Lib 54′
06 May 1962	20° Lib 24′	01 May 1963	21° Lib 43′
16 May 1962	20° Lib 14′	11 May 1963	21° Lib 32′
26 May 1962	20° Lib 6′	21 May 1963	21° Lib 23′
05 Jun 1962	19° Lib 59′	31 May 1963	21° Lib 15′
15 Jun 1962	19° Lib 54′	10 Jun 1963	21° Lib 9′
25 Jun 1962	19° Lib 51′	20 Jun 1963	21° Lib 5′
05 Jul 1962	19° Lib 50′	30 Jun 1963	21° Lib 2′
15 Jul 1962	19° Lib 52′	10 Jul 1963	21° Lib 2′
25 Jul 1962	19° Lib 55′	20 Jul 1963	21° Lib 4′
04 Aug 1962	20° Lib 1′	30 Jul 1963	21° Lib 9′
14 Aug 1962	20° Lib 9′	09 Aug 1963	21° Lib 15′
24 Aug 1962	20° Lib 18′	19 Aug 1963	21° Lib 23′
03 Sep 1962	20° Lib 29′	29 Aug 1963	21° Lib 33′
13 Sep 1962	20° Lib 42′	08 Sep 1963	21° Lib 45′
23 Sep 1962	20° Lib 55′	18 Sep 1963	21° Lib 58′
03 Oct 1962	21° Lib 9′	28 Sep 1963	22° Lib 12′
13 Oct 1962	21° Lib 24′	08 Oct 1963	22° Lib 26′
23 Oct 1962	21° Lib 39′	18 Oct 1963	22° Lib 41′
02 Nov 1962	21° Lib 54′	28 Oct 1963	22° Lib 56′
12 Nov 1962	22° Lib 8′	07 Nov 1963	23° Lib 10′
22 Nov 1962	22° Lib 21′	17 Nov 1963	23° Lib 24′
02 Dec 1962	22° Lib 32′	27 Nov 1963	23° Lib 37′
12 Dec 1962	22° Lib 43′	07 Dec 1963	23° Lib 48′
22 Dec 1962	22° Lib 51′	17 Dec 1963	23° Lib 57′
		27 Dec 1963	24° Lib 5′

1964		1965	
06 Jan 1964	24° Lib 10′	10 Jan 1965	25° Lib 24′
16 Jan 1964	24° Lib 13′	20 Jan 1965	25° Lib 26′
26 Jan 1964	24° Lib 14′	30 Jan 1965	25° Lib 26′
05 Feb 1964	24° Lib 13′	09 Feb 1965	25° Lib 23′
15 Feb 1964	24° Lib 9′	19 Feb 1965	25° Lib 19′
25 Feb 1964	24° Lib 3′	01 Mar 1965	25° Lib 12′
06 Mar 1964	23° Lib 55′	11 Mar 1965	25° Lib 4′
16 Mar 1964	23° Lib 46′	21 Mar 1965	24° Lib 54′
26 Mar 1964	23° Lib 36′	31 Mar 1965	24° Lib 44′
05 Apr 1964	23° Lib 24′	10 Apr 1965	24° Lib 32′
15 Apr 1964	23° Lib 13′	20 Apr 1965	24° Lib 21′
25 Apr 1964	23° Lib 2′	30 Apr 1965	24° Lib 9′
05 May 1964	22° Lib 51′	10 May 1965	23° Lib 59′
15 May 1964	22° Lib 41′	20 May 1965	23° Lib 49′
25 May 1964	22° Lib 32′	30 May 1965	23° Lib 41′
04 Jun 1964	22° Lib 24′	09 Jun 1965	23° Lib 34′
14 Jun 1964	22° Lib 19′	19 Jun 1965	23° Lib 29′
24 Jun 1964	22° Lib 15′	29 Jun 1965	23° Lib 26′
04 Jul 1964	22° Lib 14′	09 Jul 1965	23° Lib 25′
14 Jul 1964	22° Lib 14′	19 Jul 1965	23° Lib 27′
24 Jul 1964	22° Lib 17′	29 Jul 1965	23° Lib 31′
03 Aug 1964	22° Lib 22′	08 Aug 1965	23° Lib 36′
13 Aug 1964	22° Lib 29′	18 Aug 1965	23° Lib 44′
23 Aug 1964	22° Lib 38′	28 Aug 1965	23° Lib 54′
02 Sep 1964	22° Lib 49′	07 Sep 1965	24° Lib 5′
12 Sep 1964	23° Lib 1′	17 Sep 1965	24° Lib 18′
22 Sep 1964	23° Lib 14′	27 Sep 1965	24° Lib 31′
02 Oct 1964	23° Lib 29′	07 Oct 1965	24° Lib 46′
12 Oct 1964	23° Lib 43′	17 Oct 1965	25° Lib 0′
22 Oct 1964	23° Lib 58′	27 Oct 1965	25° Lib 15′
01 Nov 1964	24° Lib 13′	06 Nov 1965	25° Lib 30′
11 Nov 1964	24° Lib 27′	16 Nov 1965	25° Lib 44′
21 Nov 1964	24° Lib 41′	26 Nov 1965	25° Lib 57′
01 Dec 1964	24° Lib 53′	06 Dec 1965	26° Lib 9′
11 Dec 1964	25° Lib 3′	16 Dec 1965	26° Lib 19′
21 Dec 1964	25° Lib 12′	26 Dec 1965	26° Lib 27′
31 Dec 1964	25° Lib 19′		

1966		1967	
05 Jan 1966	26° Lib 33′	10 Jan 1967	27° Lib 47′
15 Jan 1966	26° Lib 37′	20 Jan 1967	27° Lib 50′
25 Jan 1966	26° Lib 38′	30 Jan 1967	27° Lib 50′
04 Feb 1966	26° Lib 37′	09 Feb 1967	27° Lib 48′
14 Feb 1966	26° Lib 34′	19 Feb 1967	27° Lib 44′
24 Feb 1966	26° Lib 29′	01 Mar 1967	27° Lib 38′
06 Mar 1966	26° Lib 21′	11 Mar 1967	27° Lib 31′
16 Mar 1966	26° Lib 13′	21 Mar 1967	27° Lib 21′
26 Mar 1966	26° Lib 3′	31 Mar 1967	27° Lib 11′
05 Apr 1966	25° Lib 52′	10 Apr 1967	27° Lib 0′
15 Apr 1966	25° Lib 40′	20 Apr 1967	26° Lib 48′

25 Apr 1966	25° Lib 29′	30 Apr 1967	26° Lib 37′
05 May 1966	25° Lib 18′	10 May 1967	26° Lib 26′
15 May 1966	25° Lib 7′	20 May 1967	26° Lib 16′
25 May 1966	24° Lib 58′	30 May 1967	26° Lib 7′
04 Jun 1966	24° Lib 50′	09 Jun 1967	26° Lib 0′
14 Jun 1966	24° Lib 44′	19 Jun 1967	25° Lib 54′
24 Jun 1966	24° Lib 40′	29 Jun 1967	25° Lib 51′
04 Jul 1966	24° Lib 38′	09 Jul 1967	25° Lib 50′
14 Jul 1966	24° Lib 38′	19 Jul 1967	25° Lib 50′
24 Jul 1966	24° Lib 40′	29 Jul 1967	25° Lib 53′
03 Aug 1966	24° Lib 44′	08 Aug 1967	25° Lib 59′
13 Aug 1966	24° Lib 51′	18 Aug 1967	26° Lib 6′
23 Aug 1966	24° Lib 59′	28 Aug 1967	26° Lib 15′
02 Sep 1966	25° Lib 10′	07 Sep 1967	26° Lib 26′
12 Sep 1966	25° Lib 21′	17 Sep 1967	26° Lib 38′
22 Sep 1966	25° Lib 34′	27 Sep 1967	26° Lib 51′
02 Oct 1966	25° Lib 48′	07 Oct 1967	27° Lib 6′
12 Oct 1966	26° Lib 3′	17 Oct 1967	27° Lib 20′
22 Oct 1966	26° Lib 18′	27 Oct 1967	27° Lib 35′
01 Nov 1966	26° Lib 33′	06 Nov 1967	27° Lib 50′
11 Nov 1966	26° Lib 47′	16 Nov 1967	28° Lib 5′
21 Nov 1966	27° Lib 1′	26 Nov 1967	28° Lib 18′
01 Dec 1966	27° Lib 13′	06 Dec 1967	28° Lib 30′
11 Dec 1966	27° Lib 25′	16 Dec 1967	28° Lib 40′
21 Dec 1966	27° Lib 34′	26 Dec 1967	28° Lib 49′
31 Dec 1966	27° Lib 41′		

1968		1969	
05 Jan 1968	28° Lib 56′	09 Jan 1969	0° sc 10′
15 Jan 1968	29° Lib 0′	19 Jan 1969	0° sc 14′
25 Jan 1968	29° Lib 2′	29 Jan 1969	0° sc 15′
04 Feb 1968	29° Lib 2′	08 Feb 1969	0° sc 14′
14 Feb 1968	29° Lib 0′	18 Feb 1969	0° sc 11′
24 Feb 1968	28° Lib 55′	28 Feb 1969	0° sc 5′
05 Mar 1968	28° Lib 48′	10 Mar 1969	29° Lib 58′
15 Mar 1968	28° Lib 40′	20 Mar 1969	29° Lib 49′
25 Mar 1968	28° Lib 30′	30 Mar 1969	29° Lib 39′
04 Apr 1968	28° Lib 19′	09 Apr 1969	29° Lib 28′
14 Apr 1968	28° Lib 8′	19 Apr 1969	29° Lib 17′
24 Apr 1968	27° Lib 57′	29 Apr 1969	29° Lib 5′
04 May 1968	27° Lib 45′	09 May 1969	28° Lib 54′
14 May 1968	27° Lib 35′	19 May 1969	28° Lib 44′
24 May 1968	27° Lib 25′	29 May 1969	28° Lib 35′
03 Jun 1968	27° Lib 17′	08 Jun 1969	28° Lib 27′
13 Jun 1968	27° Lib 10′	18 Jun 1969	28° Lib 21′
23 Jun 1968	27° Lib 5′	28 Jun 1969	28° Lib 17′
03 Jul 1968	27° Lib 3′	08 Jul 1969	28° Lib 15′
13 Jul 1968	27° Lib 2′	18 Jul 1969	28° Lib 15′
23 Jul 1968	27° Lib 4′	28 Jul 1969	28° Lib 17′
02 Aug 1968	27° Lib 7′	07 Aug 1969	28° Lib 22′
12 Aug 1968	27° Lib 13′	17 Aug 1969	28° Lib 29′
22 Aug 1968	27° Lib 21′	27 Aug 1969	28° Lib 37′

Date	Position
01 Sep 1968	27° Lib 31′
11 Sep 1968	27° Lib 42′
21 Sep 1968	27° Lib 55′
01 Oct 1968	28° Lib 9′
11 Oct 1968	28° Lib 23′
21 Oct 1968	28° Lib 38′
31 Oct 1968	28° Lib 53′
10 Nov 1968	29° Lib 8′
20 Nov 1968	29° Lib 22′
30 Nov 1968	29° Lib 35′
10 Dec 1968	29° Lib 46′
20 Dec 1968	29° Lib 56′
30 Dec 1968	0° Sco 4′

Date	Position
06 Sep 1969	28° Lib 47′
16 Sep 1969	28° Lib 59′
26 Sep 1969	29° Lib 12′
06 Oct 1969	29° Lib 27′
16 Oct 1969	29° Lib 41′
26 Oct 1969	29° Lib 56′
05 Nov 1969	0° Sco 11′
15 Nov 1969	0° Sco 26′
25 Nov 1969	0° Sco 39′
05 Dec 1969	0° Sco 52′
15 Dec 1969	1° Sco 3′
25 Dec 1969	1° Sco 12′

1970

Date	Position
04 Jan 1970	1° Sco 19′
14 Jan 1970	1° Sco 25′
24 Jan 1970	1° Sco 27′
03 Feb 1970	1° Sco 28′
13 Feb 1970	1° Sco 26′
23 Feb 1970	1° Sco 22′
05 Mar 1970	1° Sco 16′
15 Mar 1970	1° Sco 8′
25 Mar 1970	0° Sco 58′
04 Apr 1970	0° Sco 48′
14 Apr 1970	0° Sco 37′
24 Apr 1970	0° Sco 25′
04 May 1970	0° Sco 14′
14 May 1970	0° Sco 3′
24 May 1970	29° Lib 53′
03 Jun 1970	29° Lib 44′
13 Jun 1970	29° Lib 37′
23 Jun 1970	29° Lib 32′
03 Jul 1970	29° Lib 29′
13 Jul 1970	29° Lib 27′
23 Jul 1970	29° Lib 28′
02 Aug 1970	29° Lib 31′
12 Aug 1970	29° Lib 37′
22 Aug 1970	29° Lib 44′
01 Sep 1970	29° Lib 53′
11 Sep 1970	0° Sco 4′
21 Sep 1970	0° Sco 17′
01 Oct 1970	0° Sco 30′
11 Oct 1970	0° Sco 44′
21 Oct 1970	0° Sco 59′
31 Oct 1970	1° Sco 14′
10 Nov 1970	1° Sco 29′
20 Nov 1970	1° Sco 43′
30 Nov 1970	1° Sco 57′
10 Dec 1970	2° Sco 9′
20 Dec 1970	2° Sco 19′
30 Dec 1970	2° Sco 28′

1971

Date	Position
09 Jan 1971	2° Sco 34′
19 Jan 1971	2° Sco 39′
29 Jan 1971	2° Sco 41′
08 Feb 1971	2° Sco 40′
18 Feb 1971	2° Sco 38′
28 Feb 1971	2° Sco 33′
10 Mar 1971	2° Sco 26′
20 Mar 1971	2° Sco 18′
30 Mar 1971	2° Sco 8′
09 Apr 1971	1° Sco 57′
19 Apr 1971	1° Sco 46′
29 Apr 1971	1° Sco 34′
09 May 1971	1° Sco 23′
19 May 1971	1° Sco 12′
29 May 1971	1° Sco 3′
08 Jun 1971	0° Sco 54′
18 Jun 1971	0° Sco 48′
28 Jun 1971	0° Sco 43′
08 Jul 1971	0° Sco 41′
18 Jul 1971	0° Sco 40′
28 Jul 1971	0° Sco 42′
07 Aug 1971	0° Sco 46′
17 Aug 1971	0° Sco 52′
27 Aug 1971	1° Sco 0′
06 Sep 1971	1° Sco 10′
16 Sep 1971	1° Sco 21′
26 Sep 1971	1° Sco 34′
06 Oct 1971	1° Sco 48′
16 Oct 1971	2° Sco 2′
26 Oct 1971	2° Sco 17′
05 Nov 1971	2° Sco 32′
15 Nov 1971	2° Sco 47′
25 Nov 1971	3° Sco 1′
05 Dec 1971	3° Sco 14′
15 Dec 1971	3° Sco 26′
25 Dec 1971	3° Sco 35′

1972		1973	
04 Jan 1972	3° Sco 43′	08 Jan 1973	4° Sco 59′
14 Jan 1972	3° Sco 49′	18 Jan 1973	5° Sco 3′
24 Jan 1972	3° Sco 53′	28 Jan 1973	5° Sco 6′
03 Feb 1972	3° Sco 54′	07 Feb 1973	5° Sco 6′
13 Feb 1972	3° Sco 52′	17 Feb 1973	5° Sco 4′
23 Feb 1972	3° Sco 49′	27 Feb 1973	5° Sco 0′
04 Mar 1972	3° Sco 43′	09 Mar 1973	4° Sco 54′
14 Mar 1972	3° Sco 36′	19 Mar 1973	4° Sco 46′
24 Mar 1972	3° Sco 27′	29 Mar 1973	4° Sco 36′
03 Apr 1972	3° Sco 17′	08 Apr 1973	4° Sco 26′
13 Apr 1972	3° Sco 6′	18 Apr 1973	4° Sco 15′
23 Apr 1972	2° Sco 54′	28 Apr 1973	4° Sco 3′
03 May 1972	2° Sco 43′	08 May 1973	3° Sco 52′
13 May 1972	2° Sco 32′	18 May 1973	3° Sco 41′
23 May 1972	2° Sco 22′	28 May 1973	3° Sco 31′
02 Jun 1972	2° Sco 12′	07 Jun 1973	3° Sco 22′
12 Jun 1972	2° Sco 5′	17 Jun 1973	3° Sco 15′
22 Jun 1972	1° Sco 59′	27 Jun 1973	3° Sco 10′
02 Jul 1972	1° Sco 55′	07 Jul 1973	3° Sco 7′
12 Jul 1972	1° Sco 53′	17 Jul 1973	3° Sco 6′
22 Jul 1972	1° Sco 53′	27 Jul 1973	3° Sco 7′
01 Aug 1972	1° Sco 56′	06 Aug 1973	3° Sco 10′
11 Aug 1972	2° Sco 0′	16 Aug 1973	3° Sco 15′
21 Aug 1972	2° Sco 7′	26 Aug 1973	3° Sco 23′
31 Aug 1972	2° Sco 16′	05 Sep 1973	3° Sco 32′
10 Sep 1972	2° Sco 26′	15 Sep 1973	3° Sco 43′
20 Sep 1972	2° Sco 38′	25 Sep 1973	3° Sco 56′
30 Sep 1972	2° Sco 52′	05 Oct 1973	4° Sco 9′
10 Oct 1972	3° Sco 6′	15 Oct 1973	4° Sco 24′
20 Oct 1972	3° Sco 21′	25 Oct 1973	4° Sco 39′
30 Oct 1972	3° Sco 36′	04 Nov 1973	4° Sco 54′
09 Nov 1972	3° Sco 51′	14 Nov 1973	5° Sco 9′
19 Nov 1972	4° Sco 5′	24 Nov 1973	5° Sco 23′
29 Nov 1972	4° Sco 19′	04 Dec 1973	5° Sco 36′
09 Dec 1972	4° Sco 31′	14 Dec 1973	5° Sco 48′
19 Dec 1972	4° Sco 42′	24 Dec 1973	5° Sco 59′
29 Dec 1972	4° Sco 51′		
1974		1975	
03 Jan 1974	6° Sco 7′	08 Jan 1975	7° Sco 22′
13 Jan 1974	6° Sco 13′	18 Jan 1975	7° Sco 28′
23 Jan 1974	6° Sco 18′	28 Jan 1975	7° Sco 31′
02 Feb 1974	6° Sco 19′	07 Feb 1975	7° Sco 32′
12 Feb 1974	6° Sco 19′	17 Feb 1975	7° Sco 31′
22 Feb 1974	6° Sco 16′	27 Feb 1975	7° Sco 27′
04 Mar 1974	6° Sco 11′	09 Mar 1975	7° Sco 22′
14 Mar 1974	6° Sco 4′	19 Mar 1975	7° Sco 14′
24 Mar 1974	5° Sco 56′	29 Mar 1975	7° Sco 5′
03 Apr 1974	5° Sco 46′	08 Apr 1975	6° Sco 55′
13 Apr 1974	5° Sco 35′	18 Apr 1975	6° Sco 44′

23 Apr 1974	5° Sco 23′	28 Apr 1975	6° Sco 32′
03 May 1974	5° Sco 12′	08 May 1975	6° Sco 21′
13 May 1974	5° Sco 1′	18 May 1975	6° Sco 10′
23 May 1974	4° Sco 50′	28 May 1975	5° Sco 59′
02 Jun 1974	4° Sco 41′	07 Jun 1975	5° Sco 50′
12 Jun 1974	4° Sco 33′	17 Jun 1975	5° Sco 43′
22 Jun 1974	4° Sco 26′	27 Jun 1975	5° Sco 37′
02 Jul 1974	4° Sco 21′	07 Jul 1975	5° Sco 33′
12 Jul 1974	4° Sco 19′	17 Jul 1975	5° Sco 31′
22 Jul 1974	4° Sco 19′	27 Jul 1975	5° Sco 32′
01 Aug 1974	4° Sco 20′	06 Aug 1975	5° Sco 34′
11 Aug 1974	4° Sco 24′	16 Aug 1975	5° Sco 39′
21 Aug 1974	4° Sco 31′	26 Aug 1975	5° Sco 46′
31 Aug 1974	4° Sco 39′	05 Sep 1975	5° Sco 55′
10 Sep 1974	4° Sco 49′	15 Sep 1975	6° Sco 5′
20 Sep 1974	5° Sco 0′	25 Sep 1975	6° Sco 18′
30 Sep 1974	5° Sco 13′	05 Oct 1975	6° Sco 31′
10 Oct 1974	5° Sco 27′	15 Oct 1975	6° Sco 45′
20 Oct 1974	5° Sco 42′	25 Oct 1975	7° Sco 0′
30 Oct 1974	5° Sco 57′	04 Nov 1975	7° Sco 15′
09 Nov 1974	6° Sco 12′	14 Nov 1975	7° Sco 30′
19 Nov 1974	6° Sco 27′	24 Nov 1975	7° Sco 45′
29 Nov 1974	6° Sco 41′	04 Dec 1975	7° Sco 58′
09 Dec 1974	6° Sco 53′	14 Dec 1975	8° Sco 11′
19 Dec 1974	7° Sco 5′	24 Dec 1975	8° Sco 21′
29 Dec 1974	7° Sco 15′		

1976		1977	
03 Jan 1976	8° Sco 31′	07 Jan 1977	9° Sco 46′
13 Jan 1976	8° Sco 38′	17 Jan 1977	9° Sco 53′
23 Jan 1976	8° Sco 42′	27 Jan 1977	9° Sco 57′
02 Feb 1976	8° Sco 45′	06 Feb 1977	9° Sco 58′
12 Feb 1976	8° Sco 45′	16 Feb 1977	9° Sco 58′
22 Feb 1976	8° Sco 43′	26 Feb 1977	9° Sco 55′
03 Mar 1976	8° Sco 39′	08 Mar 1977	9° Sco 50′
13 Mar 1976	8° Sco 32′	18 Mar 1977	9° Sco 43′
23 Mar 1976	8° Sco 24′	28 Mar 1977	9° Sco 34′
02 Apr 1976	8° Sco 15′	07 Apr 1977	9° Sco 24′
12 Apr 1976	8° Sco 4′	17 Apr 1977	9° Sco 13′
22 Apr 1976	7° Sco 53′	27 Apr 1977	9° Sco 2′
02 May 1976	7° Sco 41′	07 May 1977	8° Sco 50′
12 May 1976	7° Sco 30′	17 May 1977	8° Sco 39′
22 May 1976	7° Sco 19′	27 May 1977	8° Sco 28′
01 Jun 1976	7° Sco 9′	06 Jun 1977	8° Sco 19′
11 Jun 1976	7° Sco 0′	16 Jun 1977	8° Sco 11′
21 Jun 1976	6° Sco 53′	26 Jun 1977	8° Sco 4′
01 Jul 1976	6° Sco 48′	06 Jul 1977	8° Sco 0′
11 Jul 1976	6° Sco 45′	16 Jul 1977	7° Sco 57′
21 Jul 1976	6° Sco 44′	26 Jul 1977	7° Sco 57′
31 Jul 1976	6° Sco 45′	05 Aug 1977	7° Sco 59′
10 Aug 1976	6° Sco 49′	15 Aug 1977	8° Sco 3′
20 Aug 1976	6° Sco 54′	25 Aug 1977	8° Sco 10′

30 Aug 1976	7° Sco 2′	04 Sep 1977	8° Sco 18′
09 Sep 1976	7° Sco 11′	14 Sep 1977	8° Sco 28′
19 Sep 1976	7° Sco 22′	24 Sep 1977	8° Sco 40′
29 Sep 1976	7° Sco 35′	04 Oct 1977	8° Sco 53′
09 Oct 1976	7° Sco 49′	14 Oct 1977	9° Sco 7′
19 Oct 1976	8° Sco 3′	24 Oct 1977	9° Sco 22′
29 Oct 1976	8° Sco 18′	03 Nov 1977	9° Sco 37′
08 Nov 1976	8° Sco 33′	13 Nov 1977	9° Sco 52′
18 Nov 1976	8° Sco 48′	23 Nov 1977	10° Sco 6′
28 Nov 1976	9° Sco 2′	03 Dec 1977	10° Sco 20′
08 Dec 1976	9° Sco 16′	13 Dec 1977	10° Sco 33′
18 Dec 1976	9° Sco 28′	23 Dec 1977	10° Sco 45′
28 Dec 1976	9° Sco 38′		

1978		1979	
02 Jan 1978	10° Sco 54′	07 Jan 1979	12° Sco 11′
12 Jan 1978	11° Sco 2′	17 Jan 1979	12° Sco 18′
22 Jan 1978	11° Sco 7′	27 Jan 1979	12° Sco 22′
01 Feb 1978	11° Sco 11′	06 Feb 1979	12° Sco 25′
11 Feb 1978	11° Sco 12′	16 Feb 1979	12° Sco 25′
21 Feb 1978	11° Sco 10′	26 Feb 1979	12° Sco 22′
03 Mar 1978	11° Sco 6′	08 Mar 1979	12° Sco 18′
13 Mar 1978	11° Sco 0′	18 Mar 1979	12° Sco 11′
23 Mar 1978	10° Sco 53′	28 Mar 1979	12° Sco 3′
02 Apr 1978	10° Sco 44′	07 Apr 1979	11° Sco 54′
12 Apr 1978	10° Sco 33′	17 Apr 1979	11° Sco 43′
22 Apr 1978	10° Sco 22′	27 Apr 1979	11° Sco 32′
02 May 1978	10° Sco 11′	07 May 1979	11° Sco 20′
12 May 1978	9° Sco 59′	17 May 1979	11° Sco 9′
22 May 1978	9° Sco 48′	27 May 1979	10° Sco 58′
01 Jun 1978	9° Sco 38′	06 Jun 1979	10° Sco 48′
11 Jun 1978	9° Sco 29′	16 Jun 1979	10° Sco 40′
21 Jun 1978	9° Sco 21′	26 Jun 1979	10° Sco 33′
01 Jul 1978	9° Sco 16′	06 Jul 1979	10° Sco 27′
11 Jul 1978	9° Sco 12′	16 Jul 1979	10° Sco 24′
21 Jul 1978	9° Sco 10′	26 Jul 1979	10° Sco 24′
31 Jul 1978	9° Sco 11′	05 Aug 1979	10° Sco 25′
10 Aug 1978	9° Sco 14′	15 Aug 1979	10° Sco 28′
20 Aug 1978	9° Sco 18′	25 Aug 1979	10° Sco 34′
30 Aug 1978	9° Sco 25′	04 Sep 1979	10° Sco 42′
09 Sep 1978	9° Sco 34′	14 Sep 1979	10° Sco 51′
19 Sep 1978	9° Sco 45′	24 Sep 1979	11° Sco 3′
29 Sep 1978	9° Sco 57′	04 Oct 1979	11° Sco 15′
09 Oct 1978	10° Sco 11′	14 Oct 1979	11° Sco 29′
19 Oct 1978	10° Sco 25′	24 Oct 1979	11° Sco 44′
29 Oct 1978	10° Sco 40′	03 Nov 1979	11° Sco 59′
08 Nov 1978	10° Sco 55′	13 Nov 1979	12° Sco 14′
18 Nov 1978	11° Sco 10′	23 Nov 1979	12° Sco 29′
28 Nov 1978	11° Sco 25′	03 Dec 1979	12° Sco 43′
08 Dec 1978	11° Sco 38′	13 Dec 1979	12° Sco 56′
18 Dec 1978	11° Sco 51′	23 Dec 1979	13° Sco 8′
28 Dec 1978	12° Sco 2′		

1980	
02 Jan 1980	13° Sco 19′
12 Jan 1980	13° Sco 27′
22 Jan 1980	13° Sco 33′
01 Feb 1980	13° Sco 37′
11 Feb 1980	13° Sco 38′
21 Feb 1980	13° Sco 38′
02 Mar 1980	13° Sco 35′
12 Mar 1980	13° Sco 29′
22 Mar 1980	13° Sco 22′
01 Apr 1980	13° Sco 14′
11 Apr 1980	13° Sco 4′
21 Apr 1980	12° Sco 53′
01 May 1980	12° Sco 41′
11 May 1980	12° Sco 30′
21 May 1980	12° Sco 18′
31 May 1980	12° Sco 8′
10 Jun 1980	11° Sco 58′
20 Jun 1980	11° Sco 50′
30 Jun 1980	11° Sco 44′
10 Jul 1980	11° Sco 40′
20 Jul 1980	11° Sco 37′
30 Jul 1980	11° Sco 37′
09 Aug 1980	11° Sco 39′
19 Aug 1980	11° Sco 44′
29 Aug 1980	11° Sco 50′
08 Sep 1980	11° Sco 59′
18 Sep 1980	12° Sco 9′
28 Sep 1980	12° Sco 21′
08 Oct 1980	12° Sco 34′
18 Oct 1980	12° Sco 48′
28 Oct 1980	13° Sco 3′
07 Nov 1980	13° Sco 18′
17 Nov 1980	13° Sco 33′
27 Nov 1980	13° Sco 48′
07 Dec 1980	14° Sco 2′
17 Dec 1980	14° Sco 15′
27 Dec 1980	14° Sco 26′

1981	
06 Jan 1981	14° Sco 36′
16 Jan 1981	14° Sco 43′
26 Jan 1981	14° Sco 49′
05 Feb 1981	14° Sco 52′
15 Feb 1981	14° Sco 52′
25 Feb 1981	14° Sco 51′
07 Mar 1981	14° Sco 47′
17 Mar 1981	14° Sco 41′
27 Mar 1981	14° Sco 33′
06 Apr 1981	14° Sco 24′
16 Apr 1981	14° Sco 14′
26 Apr 1981	14° Sco 2′
06 May 1981	13° Sco 51′
16 May 1981	13° Sco 39′
26 May 1981	13° Sco 28′
05 Jun 1981	13° Sco 18′
15 Jun 1981	13° Sco 9′
25 Jun 1981	13° Sco 2′
05 Jul 1981	12° Sco 56′
15 Jul 1981	12° Sco 53′
25 Jul 1981	12° Sco 51′
04 Aug 1981	12° Sco 52′
14 Aug 1981	12° Sco 55′
24 Aug 1981	13° Sco 0′
03 Sep 1981	13° Sco 7′
13 Sep 1981	13° Sco 16′
23 Sep 1981	13° Sco 27′
03 Oct 1981	13° Sco 39′
13 Oct 1981	13° Sco 53′
23 Oct 1981	14° Sco 7′
02 Nov 1981	14° Sco 22′
12 Nov 1981	14° Sco 37′
22 Nov 1981	14° Sco 52′
02 Dec 1981	15° Sco 7′
12 Dec 1981	15° Sco 20′
22 Dec 1981	15° Sco 33′

1982	
01 Jan 1982	15° Sco 44′
11 Jan 1982	15° Sco 52′
21 Jan 1982	15° Sco 59′
31 Jan 1982	16° Sco 4′
10 Feb 1982	16° Sco 6′
20 Feb 1982	16° Sco 6′
02 Mar 1982	16° Sco 4′
12 Mar 1982	15° Sco 59′
22 Mar 1982	15° Sco 53′
01 Apr 1982	15° Sco 44′
11 Apr 1982	15° Sco 35′

1983	
06 Jan 1983	17° Sco 1′
16 Jan 1983	17° Sco 9′
26 Jan 1983	17° Sco 15′
05 Feb 1983	17° Sco 19′
15 Feb 1983	17° Sco 21′
25 Feb 1983	17° Sco 20′
07 Mar 1983	17° Sco 17′
17 Mar 1983	17° Sco 11′
27 Mar 1983	17° Sco 4′
06 Apr 1983	16° Sco 55′
16 Apr 1983	16° Sco 45′

Date	Position	Date	Position
21 Apr 1982	15° Sco 24′	26 Apr 1983	16° Sco 34′
01 May 1982	15° Sco 13′	06 May 1983	16° Sco 23′
11 May 1982	15° Sco 1′	16 May 1983	16° Sco 11′
21 May 1982	14° Sco 50′	26 May 1983	16° Sco 0′
31 May 1982	14° Sco 39′	05 Jun 1983	15° Sco 50′
10 Jun 1982	14° Sco 29′	15 Jun 1983	15° Sco 40′
20 Jun 1982	14° Sco 21′	25 Jun 1983	15° Sco 32′
30 Jun 1982	14° Sco 14′	05 Jul 1983	15° Sco 26′
10 Jul 1982	14° Sco 9′	15 Jul 1983	15° Sco 22′
20 Jul 1982	14° Sco 6′	25 Jul 1983	15° Sco 20′
30 Jul 1982	14° Sco 5′	04 Aug 1983	15° Sco 19′
09 Aug 1982	14° Sco 6′	14 Aug 1983	15° Sco 22′
19 Aug 1982	14° Sco 10′	24 Aug 1983	15° Sco 26′
29 Aug 1982	14° Sco 16′	03 Sep 1983	15° Sco 33′
08 Sep 1982	14° Sco 24′	13 Sep 1983	15° Sco 41′
18 Sep 1982	14° Sco 34′	23 Sep 1983	15° Sco 52′
28 Sep 1982	14° Sco 45′	03 Oct 1983	16° Sco 4′
08 Oct 1982	14° Sco 58′	13 Oct 1983	16° Sco 17′
18 Oct 1982	15° Sco 12′	23 Oct 1983	16° Sco 31′
28 Oct 1982	15° Sco 26′	02 Nov 1983	16° Sco 46′
07 Nov 1982	15° Sco 42′	12 Nov 1983	17° Sco 1′
17 Nov 1982	15° Sco 57′	22 Nov 1983	17° Sco 16′
27 Nov 1982	16° Sco 12′	02 Dec 1983	17° Sco 31′
07 Dec 1982	16° Sco 26′	12 Dec 1983	17° Sco 45′
17 Dec 1982	16° Sco 39′	22 Dec 1983	17° Sco 58′
27 Dec 1982	16° Sco 51′		

1984		1985	
01 Jan 1984	18° Sco 9′	05 Jan 1985	19° Sco 27′
11 Jan 1984	18° Sco 19′	15 Jan 1985	19° Sco 36′
21 Jan 1984	18° Sco 26′	25 Jan 1985	19° Sco 43′
31 Jan 1984	18° Sco 31′	04 Feb 1985	19° Sco 47′
10 Feb 1984	18° Sco 34′	14 Feb 1985	19° Sco 49′
20 Feb 1984	18° Sco 35′	24 Feb 1985	19° Sco 49′
01 Mar 1984	18° Sco 33′	06 Mar 1985	19° Sco 47′
11 Mar 1984	18° Sco 29′	16 Mar 1985	19° Sco 42′
21 Mar 1984	18° Sco 23′	26 Mar 1985	19° Sco 35′
31 Mar 1984	18° Sco 16′	05 Apr 1985	19° Sco 27′
10 Apr 1984	18° Sco 6′	15 Apr 1985	19° Sco 17′
20 Apr 1984	17° Sco 56′	25 Apr 1985	19° Sco 6′
30 Apr 1984	17° Sco 45′	05 May 1985	18° Sco 55′
10 May 1984	17° Sco 33′	15 May 1985	18° Sco 44′
20 May 1984	17° Sco 22′	25 May 1985	18° Sco 32′
30 May 1984	17° Sco 11′	04 Jun 1985	18° Sco 21′
09 Jun 1984	17° Sco 0′	14 Jun 1985	18° Sco 12′
19 Jun 1984	16° Sco 52′	24 Jun 1985	18° Sco 3′
29 Jun 1984	16° Sco 44′	04 Jul 1985	17° Sco 56′
09 Jul 1984	16° Sco 39′	14 Jul 1985	17° Sco 52′
19 Jul 1984	16° Sco 35′	24 Jul 1985	17° Sco 49′
29 Jul 1984	16° Sco 34′	03 Aug 1985	17° Sco 48′
08 Aug 1984	16° Sco 34′	13 Aug 1985	17° Sco 50′
18 Aug 1984	16° Sco 37′	23 Aug 1985	17° Sco 53′

28 Aug 1984	16° Sco 43′		02 Sep 1985	17° Sco 59′
07 Sep 1984	16° Sco 50′		12 Sep 1985	18° Sco 7′
17 Sep 1984	16° Sco 59′		22 Sep 1985	18° Sco 17′
27 Sep 1984	17° Sco 10′		02 Oct 1985	18° Sco 29′
07 Oct 1984	17° Sco 22′		12 Oct 1985	18° Sco 42′
17 Oct 1984	17° Sco 36′		22 Oct 1985	18° Sco 56′
27 Oct 1984	17° Sco 51′		01 Nov 1985	19° Sco 10′
06 Nov 1984	18° Sco 6′		11 Nov 1985	19° Sco 26′
16 Nov 1984	18° Sco 21′		21 Nov 1985	19° Sco 41′
26 Nov 1984	18° Sco 36′		01 Dec 1985	19° Sco 56′
06 Dec 1984	18° Sco 51′		11 Dec 1985	20° Sco 10′
16 Dec 1984	19° Sco 4′		21 Dec 1985	20° Sco 23′
26 Dec 1984	19° Sco 17′		31 Dec 1985	20° Sco 35′
1986			**1987**	
10 Jan 1986	20° Sco 45′		05 Jan 1987	21° Sco 53′
20 Jan 1986	20° Sco 53′		15 Jan 1987	22° Sco 3′
30 Jan 1986	20° Sco 59′		25 Jan 1987	22° Sco 10′
09 Feb 1986	21° Sco 3′		04 Feb 1987	22° Sco 15′
19 Feb 1986	21° Sco 4′		14 Feb 1987	22° Sco 18′
01 Mar 1986	21° Sco 3′		24 Feb 1987	22° Sco 19′
11 Mar 1986	21° Sco 0′		06 Mar 1987	22° Sco 17′
21 Mar 1986	20° Sco 54′		16 Mar 1987	22° Sco 13′
31 Mar 1986	20° Sco 47′		26 Mar 1987	22° Sco 7′
10 Apr 1986	20° Sco 38′		05 Apr 1987	21° Sco 59′
20 Apr 1986	20° Sco 28′		15 Apr 1987	21° Sco 49′
30 Apr 1986	20° Sco 17′		25 Apr 1987	21° Sco 39′
10 May 1986	20° Sco 6′		05 May 1987	21° Sco 28′
20 May 1986	19° Sco 54′		15 May 1987	21° Sco 16′
30 May 1986	19° Sco 43′		25 May 1987	21° Sco 5′
09 Jun 1986	19° Sco 32′		04 Jun 1987	20° Sco 54′
19 Jun 1986	19° Sco 23′		14 Jun 1987	20° Sco 44′
29 Jun 1986	19° Sco 15′		24 Jun 1987	20° Sco 35′
09 Jul 1986	19° Sco 9′		04 Jul 1987	20° Sco 27′
19 Jul 1986	19° Sco 5′		14 Jul 1987	20° Sco 22′
29 Jul 1986	19° Sco 3′		24 Jul 1987	20° Sco 18′
08 Aug 1986	19° Sco 3′		03 Aug 1987	20° Sco 17′
18 Aug 1986	19° Sco 5′		13 Aug 1987	20° Sco 18′
28 Aug 1986	19° Sco 10′		23 Aug 1987	20° Sco 21′
07 Sep 1986	19° Sco 16′		02 Sep 1987	20° Sco 26′
17 Sep 1986	19° Sco 25′		12 Sep 1987	20° Sco 34′
27 Sep 1986	19° Sco 35′		22 Sep 1987	20° Sco 43′
07 Oct 1986	19° Sco 48′		02 Oct 1987	20° Sco 54′
17 Oct 1986	20° Sco 1′		12 Oct 1987	21° Sco 7′
27 Oct 1986	20° Sco 15′		22 Oct 1987	21° Sco 20′
06 Nov 1986	20° Sco 30′		01 Nov 1987	21° Sco 35′
16 Nov 1986	20° Sco 46′		11 Nov 1987	21° Sco 50′
26 Nov 1986	21° Sco 1′		21 Nov 1987	22° Sco 6′
06 Dec 1986	21° Sco 16′		01 Dec 1987	22° Sco 21′
16 Dec 1986	21° Sco 30′		11 Dec 1987	22° Sco 35′
26 Dec 1986	21° Sco 42′		21 Dec 1987	22° Sco 49′
			31 Dec 1987	23° Sco 1′

1988			
10 Jan 1988	23°	Sco	12′
20 Jan 1988	23°	Sco	20′
30 Jan 1988	23°	Sco	27′
09 Feb 1988	23°	Sco	31′
19 Feb 1988	23°	Sco	33′
29 Feb 1988	23°	Sco	33′
10 Mar 1988	23°	Sco	30′
20 Mar 1988	23°	Sco	26′
30 Mar 1988	23°	Sco	19′
09 Apr 1988	23°	Sco	10′
19 Apr 1988	23°	Sco	1′
29 Apr 1988	22°	Sco	50′
09 May 1988	22°	Sco	38′
19 May 1988	22°	Sco	27′
29 May 1988	22°	Sco	15′
08 Jun 1988	22°	Sco	5′
18 Jun 1988	21°	Sco	55′
28 Jun 1988	21°	Sco	47′
08 Jul 1988	21°	Sco	40′
18 Jul 1988	21°	Sco	35′
28 Jul 1988	21°	Sco	32′
07 Aug 1988	21°	Sco	32′
17 Aug 1988	21°	Sco	33′
27 Aug 1988	21°	Sco	37′
06 Sep 1988	21°	Sco	43′
16 Sep 1988	21°	Sco	51′
26 Sep 1988	22°	Sco	1′
06 Oct 1988	22°	Sco	13′
16 Oct 1988	22°	Sco	26′
26 Oct 1988	22°	Sco	40′
05 Nov 1988	22°	Sco	55′
15 Nov 1988	23°	Sco	10′
25 Nov 1988	23°	Sco	26′
05 Dec 1988	23°	Sco	41′
15 Dec 1988	23°	Sco	55′
25 Dec 1988	24°	Sco	8′

1989			
04 Jan 1989	24°	Sco	20′
14 Jan 1989	24°	Sco	30′
24 Jan 1989	24°	Sco	38′
03 Feb 1989	24°	Sco	44′
13 Feb 1989	24°	Sco	47′
23 Feb 1989	24°	Sco	48′
05 Mar 1989	24°	Sco	47′
15 Mar 1989	24°	Sco	44′
25 Mar 1989	24°	Sco	38′
04 Apr 1989	24°	Sco	31′
14 Apr 1989	24°	Sco	22′
24 Apr 1989	24°	Sco	12′
04 May 1989	24°	Sco	1′
14 May 1989	23°	Sco	49′
24 May 1989	23°	Sco	38′
03 Jun 1989	23°	Sco	26′
13 Jun 1989	23°	Sco	16′
23 Jun 1989	23°	Sco	7′
03 Jul 1989	22°	Sco	59′
13 Jul 1989	22°	Sco	53′
23 Jul 1989	22°	Sco	49′
02 Aug 1989	22°	Sco	46′
12 Aug 1989	22°	Sco	47′
22 Aug 1989	22°	Sco	49′
01 Sep 1989	22°	Sco	54′
11 Sep 1989	23°	Sco	1′
21 Sep 1989	23°	Sco	9′
01 Oct 1989	23°	Sco	20′
11 Oct 1989	23°	Sco	32′
21 Oct 1989	23°	Sco	46′
31 Oct 1989	24°	Sco	0′
10 Nov 1989	24°	Sco	15′
20 Nov 1989	24°	Sco	31′
30 Nov 1989	24°	Sco	46′
10 Dec 1989	25°	Sco	1′
20 Dec 1989	25°	Sco	15′
30 Dec 1989	25°	Sco	27′

1990			
09 Jan 1990	25°	Sco	38′
19 Jan 1990	25°	Sco	48′
29 Jan 1990	25°	Sco	55′
08 Feb 1990	26°	Sco	0′
18 Feb 1990	26°	Sco	3′
28 Feb 1990	26°	Sco	3′
10 Mar 1990	26°	Sco	1′
20 Mar 1990	25°	Sco	57′
30 Mar 1990	25°	Sco	51′
09 Apr 1990	25°	Sco	43′
19 Apr 1990	25°	Sco	33′

1991			
04 Jan 1991	26°	Sco	46
14 Jan 1991	26°	Sco	57
24 Jan 1991	27°	Sco	6
03 Feb 1991	27°	Sco	12
13 Feb 1991	27°	Sco	17
23 Feb 1991	27°	Sco	18
05 Mar 1991	27°	Sco	18
15 Mar 1991	27°	Sco	15
25 Mar 1991	27°	Sco	10
04 Apr 1991	27°	Sco	3
14 Apr 1991	26°	Sco	55

29 Apr 1990	25° Sco 23′	24 Apr 1991	26° Sco 45
09 May 1990	25° Sco 12′	04 May 1991	26° Sco 34
19 May 1990	25° Sco 0′	14 May 1991	26° Sco 23
29 May 1990	24° Sco 48′	24 May 1991	26° Sco 11
08 Jun 1990	24° Sco 38′	03 Jun 1991	26° Sco 0
18 Jun 1990	24° Sco 27′	13 Jun 1991	25° Sco 49
28 Jun 1990	24° Sco 19′	23 Jun 1991	25° Sco 39
08 Jul 1990	24° Sco 11′	03 Jul 1991	25° Sco 31
18 Jul 1990	24° Sco 6′	13 Jul 1991	25° Sco 24
28 Jul 1990	24° Sco 2′	23 Jul 1991	25° Sco 20
07 Aug 1990	24° Sco 1′	02 Aug 1991	25° Sco 17
17 Aug 1990	24° Sco 2′	12 Aug 1991	25° Sco 16
27 Aug 1990	24° Sco 5′	22 Aug 1991	25° Sco 18
06 Sep 1990	24° Sco 11′	01 Sep 1991	25° Sco 22
16 Sep 1990	24° Sco 18′	11 Sep 1991	25° Sco 28
26 Sep 1990	24° Sco 28′	21 Sep 1991	25° Sco 37
06 Oct 1990	24° Sco 39′	01 Oct 1991	25° Sco 47
16 Oct 1990	24° Sco 52′	11 Oct 1991	25° Sco 58
26 Oct 1990	25° Sco 6′	21 Oct 1991	26° Sco 12
05 Nov 1990	25° Sco 20′	31 Oct 1991	26° Sco 26
15 Nov 1990	25° Sco 36′	10 Nov 1991	26° Sco 41
25 Nov 1990	25° Sco 51′	20 Nov 1991	26° Sco 56
05 Dec 1990	26° Sco 6′	30 Nov 1991	27° Sco 12
15 Dec 1990	26° Sco 21′	10 Dec 1991	27° Sco 27
25 Dec 1990	26° Sco 34′	20 Dec 1991	27° Sco 41
		30 Dec 1991	27° Sco 54

1992		1993	
09 Jan 1992	28° Sco 6′	03 Jan 1993	29° Sco 14′
19 Jan 1992	28° Sco 16′	13 Jan 1993	29° Sco 25′
29 Jan 1992	28° Sco 24′	23 Jan 1993	29° Sco 34′
08 Feb 1992	28° Sco 29′	02 Feb 1993	29° Sco 41′
18 Feb 1992	28° Sco 33′	12 Feb 1993	29° Sco 46′
28 Feb 1992	28° Sco 34′	22 Feb 1993	29° Sco 49′
09 Mar 1992	28° Sco 33′	04 Mar 1993	29° Sco 49′
19 Mar 1992	28° Sco 29′	14 Mar 1993	29° Sco 47′
29 Mar 1992	28° Sco 23′	24 Mar 1993	29° Sco 43′
08 Apr 1992	28° Sco 16′	03 Apr 1993	29° Sco 37′
18 Apr 1992	28° Sco 7′	13 Apr 1993	29° Sco 29′
28 Apr 1992	27° Sco 57′	23 Apr 1993	29° Sco 19′
08 May 1992	27° Sco 46′	03 May 1993	29° Sco 8′
18 May 1992	27° Sco 34′	13 May 1993	28° Sco 57′
28 May 1992	27° Sco 22′	23 May 1993	28° Sco 46′
07 Jun 1992	27° Sco 11′	02 Jun 1993	28° Sco 34′
17 Jun 1992	27° Sco 1′	12 Jun 1993	28° Sco 23′
27 Jun 1992	26° Sco 52′	22 Jun 1993	28° Sco 13′
07 Jul 1992	26° Sco 44′	02 Jul 1993	28° Sco 4′
17 Jul 1992	26° Sco 38′	12 Jul 1993	27° Sco 57′
27 Jul 1992	26° Sco 34′	22 Jul 1993	27° Sco 52′
06 Aug 1992	26° Sco 32′	01 Aug 1993	27° Sco 48′
16 Aug 1992	26° Sco 32′	11 Aug 1993	27° Sco 47′
26 Aug 1992	26° Sco 35′	21 Aug 1993	27° Sco 48′

05 Sep 1992	26° Sco 39′		31 Aug 1993	27° Sco 52′
15 Sep 1992	26° Sco 46′		10 Sep 1993	27° Sco 57′
25 Sep 1992	26° Sco 55′		20 Sep 1993	28° Sco 5′
05 Oct 1992	27° Sco 6′		30 Sep 1993	28° Sco 14′
15 Oct 1992	27° Sco 18′		10 Oct 1993	28° Sco 26′
25 Oct 1992	27° Sco 32′		20 Oct 1993	28° Sco 38′
04 Nov 1992	27° Sco 46′		30 Oct 1993	28° Sco 52′
14 Nov 1992	28° Sco 2′		09 Nov 1993	29° Sco 7′
24 Nov 1992	28° Sco 17′		19 Nov 1993	29° Sco 23′
04 Dec 1992	28° Sco 32′		29 Nov 1993	29° Sco 38′
14 Dec 1992	28° Sco 47′		09 Dec 1993	29° Sco 53′
24 Dec 1992	29° Sco 1′		19 Dec 1993	0° Sag 8′
			29 Dec 1993	0° Sag 21′
1994			**1995**	
08 Jan 1994	0° Sag 34′		03 Jan 1995	1° Sag 42′
18 Jan 1994	0° Sag 44′		13 Jan 1995	1° Sag 53′
28 Jan 1994	0° Sag 53′		23 Jan 1995	2° Sag 3′
07 Feb 1994	0° Sag 59′		02 Feb 1995	2° Sag 11′
17 Feb 1994	1° Sag 3′		12 Feb 1995	2° Sag 17′
27 Feb 1994	1° Sag 5′		22 Feb 1995	2° Sag 20′
09 Mar 1994	1° Sag 5′		04 Mar 1995	2° Sag 21′
19 Mar 1994	1° Sag 2′		14 Mar 1995	2° Sag 20′
29 Mar 1994	0° Sag 57′		24 Mar 1995	2° Sag 16′
08 Apr 1994	0° Sag 50′		03 Apr 1995	2° Sag 10′
18 Apr 1994	0° Sag 41′		13 Apr 1995	2° Sag 3′
28 Apr 1994	0° Sag 31′		23 Apr 1995	1° Sag 54′
08 May 1994	0° Sag 20′		03 May 1995	1° Sag 43′
18 May 1994	0° Sag 9′		13 May 1995	1° Sag 32′
28 May 1994	29° Sco 57′		23 May 1995	1° Sag 21′
07 Jun 1994	29° Sco 46′		02 Jun 1995	1° Sag 9′
17 Jun 1994	29° Sco 35′		12 Jun 1995	0° Sag 58′
27 Jun 1994	29° Sco 26′		22 Jun 1995	0° Sag 48′
07 Jul 1994	29° Sco 17′		02 Jul 1995	0° Sag 38′
17 Jul 1994	29° Sco 11′		12 Jul 1995	0° Sag 31′
27 Jul 1994	29° Sco 6′		22 Jul 1995	0° Sag 25′
06 Aug 1994	29° Sco 3′		01 Aug 1995	0° Sag 21′
16 Aug 1994	29° Sco 3′		11 Aug 1995	0° Sag 19′
26 Aug 1994	29° Sco 5′		21 Aug 1995	0° Sag 19′
05 Sep 1994	29° Sco 9′		31 Aug 1995	0° Sag 22′
15 Sep 1994	29° Sco 15′		10 Sep 1995	0° Sag 27′
25 Sep 1994	29° Sco 24′		20 Sep 1995	0° Sag 34′
05 Oct 1994	29° Sco 34′		30 Sep 1995	0° Sag 43′
15 Oct 1994	29° Sco 46′		10 Oct 1995	0° Sag 54′
25 Oct 1994	29° Sco 59′		20 Oct 1995	1° Sag 6′
04 Nov 1994	0° Sag 13′		30 Oct 1995	1° Sag 20′
14 Nov 1994	0° Sag 28′		09 Nov 1995	1° Sag 34′
24 Nov 1994	0° Sag 44′		19 Nov 1995	1° Sag 50′
04 Dec 1994	0° Sag 59′		29 Nov 1995	2° Sag 5′
14 Dec 1994	1° Sag 14′		09 Dec 1995	2° Sag 21′
24 Dec 1994	1° Sag 29′		19 Dec 1995	2° Sag 35′
			29 Dec 1995	2° Sag 49′

1996	
08 Jan 1996	3° Sag 2′
18 Jan 1996	3° Sag 13′
28 Jan 1996	3° Sag 22′
07 Feb 1996	3° Sag 29′
17 Feb 1996	3° Sag 34′
27 Feb 1996	3° Sag 37′
08 Mar 1996	3° Sag 37′
18 Mar 1996	3° Sag 35′
28 Mar 1996	3° Sag 30′
07 Apr 1996	3° Sag 24′
17 Apr 1996	3° Sag 16′
27 Apr 1996	3° Sag 6′
07 May 1996	2° Sag 56′
17 May 1996	2° Sag 44′
27 May 1996	2° Sag 33′
06 Jun 1996	2° Sag 21′
16 Jun 1996	2° Sag 10′
26 Jun 1996	2° Sag 0′
06 Jul 1996	1° Sag 51′
16 Jul 1996	1° Sag 44′
26 Jul 1996	1° Sag 39′
05 Aug 1996	1° Sag 36′
15 Aug 1996	1° Sag 35′
25 Aug 1996	1° Sag 36′
04 Sep 1996	1° Sag 39′
14 Sep 1996	1° Sag 45′
24 Sep 1996	1° Sag 53′
04 Oct 1996	2° Sag 2′
14 Oct 1996	2° Sag 14′
24 Oct 1996	2° Sag 27′
03 Nov 1996	2° Sag 41′
13 Nov 1996	2° Sag 56′
23 Nov 1996	3° Sag 11′
03 Dec 1996	3° Sag 27′
13 Dec 1996	3° Sag 42′
23 Dec 1996	3° Sag 56′

1997	
02 Jan 1997	4° Sag 10′
12 Jan 1997	4° Sag 22′
22 Jan 1997	4° Sag 33′
01 Feb 1997	4° Sag 41′
11 Feb 1997	4° Sag 47′
21 Feb 1997	4° Sag 51′
03 Mar 1997	4° Sag 53′
13 Mar 1997	4° Sag 53′
23 Mar 1997	4° Sag 50′
02 Apr 1997	4° Sag 44′
12 Apr 1997	4° Sag 37′
22 Apr 1997	4° Sag 29′
02 May 1997	4° Sag 19′
12 May 1997	4° Sag 8′
22 May 1997	3° Sag 56′
01 Jun 1997	3° Sag 45′
11 Jun 1997	3° Sag 33′
21 Jun 1997	3° Sag 23′
01 Jul 1997	3° Sag 13′
11 Jul 1997	3° Sag 5′
21 Jul 1997	2° Sag 58′
31 Jul 1997	2° Sag 53′
10 Aug 1997	2° Sag 51′
20 Aug 1997	2° Sag 51′
30 Aug 1997	2° Sag 53′
09 Sep 1997	2° Sag 57′
19 Sep 1997	3° Sag 3′
29 Sep 1997	3° Sag 12′
09 Oct 1997	3° Sag 22′
19 Oct 1997	3° Sag 34′
29 Oct 1997	3° Sag 47′
08 Nov 1997	4° Sag 2′
18 Nov 1997	4° Sag 17′
28 Nov 1997	4° Sag 33′
08 Dec 1997	4° Sag 48′
18 Dec 1997	5° Sag 3′
28 Dec 1997	5° Sag 17′

1998	
07 Jan 1998	5° Sag 30′
17 Jan 1998	5° Sag 42′
27 Jan 1998	5° Sag 52′
06 Feb 1998	6° Sag 0′
16 Feb 1998	6° Sag 5′
26 Feb 1998	6° Sag 9′
08 Mar 1998	6° Sag 9′
18 Mar 1998	6° Sag 8′
28 Mar 1998	6° Sag 4′
07 Apr 1998	5° Sag 58′
17 Apr 1998	5° Sag 51′

1999	
02 Jan 1999	6° Sag 38′
12 Jan 1999	6° Sag 51′
22 Jan 1999	7° Sag 2′
01 Feb 1999	7° Sag 11′
11 Feb 1999	7° Sag 18′
21 Feb 1999	7° Sag 23′
03 Mar 1999	7° Sag 25′
13 Mar 1999	7° Sag 25′
23 Mar 1999	7° Sag 23′
02 Apr 1999	7° Sag 19′
12 Apr 1999	7° Sag 12′

Date	Position
27 Apr 1998	5° Sag 42′
07 May 1998	5° Sag 31′
17 May 1998	5° Sag 20′
27 May 1998	5° Sag 8′
06 Jun 1998	4° Sag 57′
16 Jun 1998	4° Sag 46′
26 Jun 1998	4° Sag 35′
06 Jul 1998	4° Sag 26′
16 Jul 1998	4° Sag 18′
26 Jul 1998	4° Sag 12′
05 Aug 1998	4° Sag 8′
15 Aug 1998	4° Sag 7′
25 Aug 1998	4° Sag 7′
04 Sep 1998	4° Sag 10′
14 Sep 1998	4° Sag 15′
24 Sep 1998	4° Sag 22′
04 Oct 1998	4° Sag 31′
14 Oct 1998	4° Sag 42′
24 Oct 1998	4° Sag 55′
03 Nov 1998	5° Sag 8′
13 Nov 1998	5° Sag 23′
23 Nov 1998	5° Sag 39′
03 Dec 1998	5° Sag 54′
13 Dec 1998	6° Sag 9′
23 Dec 1998	6° Sag 24′

Date	Position
22 Apr 1999	7° Sag 4′
02 May 1999	6° Sag 54′
12 May 1999	6° Sag 44′
22 May 1999	6° Sag 32′
01 Jun 1999	6° Sag 20′
11 Jun 1999	6° Sag 9′
21 Jun 1999	5° Sag 58′
01 Jul 1999	5° Sag 48′
11 Jul 1999	5° Sag 39′
21 Jul 1999	5° Sag 32′
31 Jul 1999	5° Sag 27′
10 Aug 1999	5° Sag 24′
20 Aug 1999	5° Sag 23′
30 Aug 1999	5° Sag 24′
09 Sep 1999	5° Sag 27′
19 Sep 1999	5° Sag 33′
29 Sep 1999	5° Sag 41′
09 Oct 1999	5° Sag 51′
19 Oct 1999	6° Sag 2′
29 Oct 1999	6° Sag 15′
08 Nov 1999	6° Sag 30′
18 Nov 1999	6° Sag 45′
28 Nov 1999	7° Sag 0′
08 Dec 1999	7° Sag 16′
18 Dec 1999	7° Sag 31′
28 Dec 1999	7° Sag 46′

2000

Date	Position
07 Jan 2000	7° Sag 59′
17 Jan 2000	8° Sag 11′
27 Jan 2000	8° Sag 22′
06 Feb 2000	8° Sag 30′
16 Feb 2000	8° Sag 36′
26 Feb 2000	8° Sag 40′
07 Mar 2000	8° Sag 42′
17 Mar 2000	8° Sag 41′
27 Mar 2000	8° Sag 38′
06 Apr 2000	8° Sag 33′
16 Apr 2000	8° Sag 26′
26 Apr 2000	8° Sag 17′
06 May 2000	8° Sag 7′
16 May 2000	7° Sag 56′
26 May 2000	7° Sag 44′
05 Jun 2000	7° Sag 33′
15 Jun 2000	7° Sag 21′
25 Jun 2000	7° Sag 11′
05 Jul 2000	7° Sag 1′
15 Jul 2000	6° Sag 53′
25 Jul 2000	6° Sag 46′
04 Aug 2000	6° Sag 42′
14 Aug 2000	6° Sag 39′
24 Aug 2000	6° Sag 39′

2001

Date	Position
01 Jan 2001	9° Sag 7′
11 Jan 2001	9° Sag 20′
21 Jan 2001	9° Sag 31′
31 Jan 2001	9° Sag 41′
10 Feb 2001	9° Sag 49′
20 Feb 2001	9° Sag 54′
02 Mar 2001	9° Sag 58′
12 Mar 2001	9° Sag 58′
22 Mar 2001	9° Sag 57′
01 Apr 2001	9° Sag 53′
11 Apr 2001	9° Sag 47′
21 Apr 2001	9° Sag 39′
01 May 2001	9° Sag 30′
11 May 2001	9° Sag 20′
21 May 2001	9° Sag 8′
31 May 2001	8° Sag 57′
10 Jun 2001	8° Sag 45′
20 Jun 2001	8° Sag 34′
30 Jun 2001	8° Sag 24′
10 Jul 2001	8° Sag 14′
20 Jul 2001	8° Sag 7′
30 Jul 2001	8° Sag 1′
09 Aug 2001	7° Sag 57′
19 Aug 2001	7° Sag 55′

03 Sep 2000	6°	Sag	41′		29 Aug 2001	7°	Sag	56′
13 Sep 2000	6°	Sag	45′		08 Sep 2001	7°	Sag	59′
23 Sep 2000	6°	Sag	52′		18 Sep 2001	8°	Sag	4′
03 Oct 2000	7°	Sag	0′		28 Sep 2001	8°	Sag	11′
13 Oct 2000	7°	Sag	11′		08 Oct 2001	8°	Sag	20′
23 Oct 2000	7°	Sag	23′		18 Oct 2001	8°	Sag	31′
02 Nov 2000	7°	Sag	36′		28 Oct 2001	8°	Sag	44′
12 Nov 2000	7°	Sag	51′		07 Nov 2001	8°	Sag	58′
22 Nov 2000	8°	Sag	6′		17 Nov 2001	9°	Sag	13′
02 Dec 2000	8°	Sag	22′		27 Nov 2001	9°	Sag	28′
12 Dec 2000	8°	Sag	37′		07 Dec 2001	9°	Sag	44′
22 Dec 2000	8°	Sag	52′		17 Dec 2001	9°	Sag	59′
					27 Dec 2001	10°	Sag	14′

2002					2003			
06 Jan 2002	10°	Sag	28′		01 Jan 2003	11°	Sag	36′
16 Jan 2002	10°	Sag	41′		11 Jan 2003	11°	Sag	49′
26 Jan 2002	10°	Sag	52′		21 Jan 2003	12°	Sag	1′
05 Feb 2002	11°	Sag	1′		31 Jan 2003	12°	Sag	12′
15 Feb 2002	11°	Sag	8′		10 Feb 2003	12°	Sag	20′
25 Feb 2002	11°	Sag	12′		20 Feb 2003	12°	Sag	26′
07 Mar 2002	11°	Sag	15′		02 Mar 2003	12°	Sag	30′
17 Mar 2002	11°	Sag	15′		12 Mar 2003	12°	Sag	32′
27 Mar 2002	11°	Sag	12′		22 Mar 2003	12°	Sag	31′
06 Apr 2002	11°	Sag	8′		01 Apr 2003	12°	Sag	28′
16 Apr 2002	11°	Sag	1′		11 Apr 2003	12°	Sag	23′
26 Apr 2002	10°	Sag	53′		21 Apr 2003	12°	Sag	15′
06 May 2002	10°	Sag	43′		01 May 2003	12°	Sag	7′
16 May 2002	10°	Sag	32′		11 May 2003	11°	Sag	56′
26 May 2002	10°	Sag	21′		21 May 2003	11°	Sag	45′
05 Jun 2002	10°	Sag	9′		31 May 2003	11°	Sag	34′
15 Jun 2002	9°	Sag	58′		10 Jun 2003	11°	Sag	22′
25 Jun 2002	9°	Sag	47′		20 Jun 2003	11°	Sag	11′
05 Jul 2002	9°	Sag	37′		30 Jun 2003	11°	Sag	0′
15 Jul 2002	9°	Sag	28′		10 Jul 2003	10°	Sag	50′
25 Jul 2002	9°	Sag	21′		20 Jul 2003	10°	Sag	42′
04 Aug 2002	9°	Sag	16′		30 Jul 2003	10°	Sag	36′
14 Aug 2002	9°	Sag	13′		09 Aug 2003	10°	Sag	31′
24 Aug 2002	9°	Sag	12′		19 Aug 2003	10°	Sag	29′
03 Sep 2002	9°	Sag	13′		29 Aug 2003	10°	Sag	29′
13 Sep 2002	9°	Sag	17′		08 Sep 2003	10°	Sag	31′
23 Sep 2002	9°	Sag	23′		18 Sep 2003	10°	Sag	35′
03 Oct 2002	9°	Sag	31′		28 Sep 2003	10°	Sag	42′
13 Oct 2002	9°	Sag	40′		08 Oct 2003	10°	Sag	51′
23 Oct 2002	9°	Sag	52′		18 Oct 2003	11°	Sag	1′
02 Nov 2002	10°	Sag	5′		28 Oct 2003	11°	Sag	13′
12 Nov 2002	10°	Sag	20′		07 Nov 2003	11°	Sag	27′
22 Nov 2002	10°	Sag	35′		17 Nov 2003	11°	Sag	42′
02 Dec 2002	10°	Sag	50′		27 Nov 2003	11°	Sag	57′
12 Dec 2002	11°	Sag	6′		07 Dec 2003	12°	Sag	13′
22 Dec 2002	11°	Sag	21′		17 Dec 2003	12°	Sag	28′
					27 Dec 2003	12°	Sag	43′

2004	
06 Jan 2004	12° Sag 58′
16 Jan 2004	13° Sag 11′
26 Jan 2004	13° Sag 22′
05 Feb 2004	13° Sag 32′
15 Feb 2004	13° Sag 40′
25 Feb 2004	13° Sag 45′
06 Mar 2004	13° Sag 48′
16 Mar 2004	13° Sag 49′
26 Mar 2004	13° Sag 47′
05 Apr 2004	13° Sag 43′
15 Apr 2004	13° Sag 37′
25 Apr 2004	13° Sag 30′
05 May 2004	13° Sag 20′
15 May 2004	13° Sag 10′
25 May 2004	12° Sag 59′
04 Jun 2004	12° Sag 47′
14 Jun 2004	12° Sag 35′
24 Jun 2004	12° Sag 24′
04 Jul 2004	12° Sag 14′
14 Jul 2004	12° Sag 5′
24 Jul 2004	11° Sag 57′
03 Aug 2004	11° Sag 51′
13 Aug 2004	11° Sag 47′
23 Aug 2004	11° Sag 46′
02 Sep 2004	11° Sag 46′
12 Sep 2004	11° Sag 49′
22 Sep 2004	11° Sag 54′
02 Oct 2004	12° Sag 2′
12 Oct 2004	12° Sag 11′
22 Oct 2004	12° Sag 22′
01 Nov 2004	12° Sag 35′
11 Nov 2004	12° Sag 49′
21 Nov 2004	13° Sag 4′
01 Dec 2004	13° Sag 20′
11 Dec 2004	13° Sag 35′
21 Dec 2004	13° Sag 51′
31 Dec 2004	14° Sag 6′

2005	
10 Jan 2005	14° Sag 20′
20 Jan 2005	14° Sag 32′
30 Jan 2005	14° Sag 43′
09 Feb 2005	14° Sag 52′
19 Feb 2005	14° Sag 59′
01 Mar 2005	15° Sag 4′
11 Mar 2005	15° Sag 6′
21 Mar 2005	15° Sag 6′
31 Mar 2005	15° Sag 4′
10 Apr 2005	14° Sag 59′
20 Apr 2005	14° Sag 52′
30 Apr 2005	14° Sag 44′
10 May 2005	14° Sag 34′
20 May 2005	14° Sag 23′
30 May 2005	14° Sag 12′
09 Jun 2005	14° Sag 0′
19 Jun 2005	13° Sag 49′
29 Jun 2005	13° Sag 38′
09 Jul 2005	13° Sag 28′
19 Jul 2005	13° Sag 19′
29 Jul 2005	13° Sag 12′
08 Aug 2005	13° Sag 7′
18 Aug 2005	13° Sag 4′
28 Aug 2005	13° Sag 3′
07 Sep 2005	13° Sag 4′
17 Sep 2005	13° Sag 8′
27 Sep 2005	13° Sag 14′
07 Oct 2005	13° Sag 22′
17 Oct 2005	13° Sag 32′
27 Oct 2005	13° Sag 44′
06 Nov 2005	13° Sag 57′
16 Nov 2005	14° Sag 12′
26 Nov 2005	14° Sag 27′
06 Dec 2005	14° Sag 43′
16 Dec 2005	14° Sag 58′
26 Dec 2005	15° Sag 14′

2006	
05 Jan 2006	15° Sag 28′
15 Jan 2006	15° Sag 42′
25 Jan 2006	15° Sag 54′
04 Feb 2006	16° Sag 4′
14 Feb 2006	16° Sag 13′
24 Feb 2006	16° Sag 19′
06 Mar 2006	16° Sag 23′
16 Mar 2006	16° Sag 24′
26 Mar 2006	16° Sag 23′
05 Apr 2006	16° Sag 20′
15 Apr 2006	16° Sag 14′

2007	
10 Jan 2007	16° Sag 51′
20 Jan 2007	17° Sag 4′
30 Jan 2007	17° Sag 15′
09 Feb 2007	17° Sag 25′
19 Feb 2007	17° Sag 33′
01 Mar 2007	17° Sag 38′
11 Mar 2007	17° Sag 41′
21 Mar 2007	17° Sag 42′
31 Mar 2007	17° Sag 40′
10 Apr 2007	17° Sag 36′
20 Apr 2007	17° Sag 30′

25 Apr 2006	16° Sag 7′
05 May 2006	15° Sag 58′
15 May 2006	15° Sag 48′
25 May 2006	15° Sag 37′
04 Jun 2006	15° Sag 26′
14 Jun 2006	15° Sag 14′
24 Jun 2006	15° Sag 3′
04 Jul 2006	14° Sag 52′
14 Jul 2006	14° Sag 42′
24 Jul 2006	14° Sag 34′
03 Aug 2006	14° Sag 28′
13 Aug 2006	14° Sag 23′
23 Aug 2006	14° Sag 21′
02 Sep 2006	14° Sag 21′
12 Sep 2006	14° Sag 23′
22 Sep 2006	14° Sag 28′
02 Oct 2006	14° Sag 34′
12 Oct 2006	14° Sag 43′
22 Oct 2006	14° Sag 54′
01 Nov 2006	15° Sag 6′
11 Nov 2006	15° Sag 20′
21 Nov 2006	15° Sag 35′
01 Dec 2006	15° Sag 50′
11 Dec 2006	16° Sag 6′
21 Dec 2006	16° Sag 21′
31 Dec 2006	16° Sag 37′

30 Apr 2007	17° Sag 22′
10 May 2007	17° Sag 13′
20 May 2007	17° Sag 2′
30 May 2007	16° Sag 51′
09 Jun 2007	16° Sag 39′
19 Jun 2007	16° Sag 28′
29 Jun 2007	16° Sag 17′
09 Jul 2007	16° Sag 6′
19 Jul 2007	15° Sag 57′
29 Jul 2007	15° Sag 50′
08 Aug 2007	15° Sag 44′
18 Aug 2007	15° Sag 40′
28 Aug 2007	15° Sag 38′
07 Sep 2007	15° Sag 39′
17 Sep 2007	15° Sag 42′
27 Sep 2007	15° Sag 47′
07 Oct 2007	15° Sag 55′
17 Oct 2007	16° Sag 4′
27 Oct 2007	16° Sag 16′
06 Nov 2007	16° Sag 29′
16 Nov 2007	16° Sag 43′
26 Nov 2007	16° Sag 58′
06 Dec 2007	17° Sag 13′
16 Dec 2007	17° Sag 29′
26 Dec 2007	17° Sag 45′

2008

05 Jan 2008	18° Sag 0′
15 Jan 2008	18° Sag 14′
25 Jan 2008	18° Sag 26′
04 Feb 2008	18° Sag 37′
14 Feb 2008	18° Sag 46′
24 Feb 2008	18° Sag 53′
05 Mar 2008	18° Sag 57′
15 Mar 2008	19° Sag 0′
25 Mar 2008	18° Sag 59′
04 Apr 2008	18° Sag 57′
14 Apr 2008	18° Sag 52′
24 Apr 2008	18° Sag 46′
04 May 2008	18° Sag 37′
14 May 2008	18° Sag 27′
24 May 2008	18° Sag 17′
03 Jun 2008	18° Sag 5′
13 Jun 2008	17° Sag 53′
23 Jun 2008	17° Sag 42′
03 Jul 2008	17° Sag 31′
13 Jul 2008	17° Sag 21′
23 Jul 2008	17° Sag 12′
02 Aug 2008	17° Sag 5′
12 Aug 2008	17° Sag 0′
22 Aug 2008	16° Sag 57′

2009

09 Jan 2009	19° Sag 23′
19 Jan 2009	19° Sag 36′
29 Jan 2009	19° Sag 48′
08 Feb 2009	19° Sag 59′
18 Feb 2009	20° Sag 7′
28 Feb 2009	20° Sag 13′
10 Mar 2009	20° Sag 17′
20 Mar 2009	20° Sag 18′
30 Mar 2009	20° Sag 17′
09 Apr 2009	20° Sag 14′
19 Apr 2009	20° Sag 8′
29 Apr 2009	20° Sag 1′
09 May 2009	19° Sag 52′
19 May 2009	19° Sag 42′
29 May 2009	19° Sag 31′
08 Jun 2009	19° Sag 19′
18 Jun 2009	19° Sag 7′
28 Jun 2009	18° Sag 56′
08 Jul 2009	18° Sag 45′
18 Jul 2009	18° Sag 36′
28 Jul 2009	18° Sag 28′
07 Aug 2009	18° Sag 21′
17 Aug 2009	18° Sag 17′
27 Aug 2009	18° Sag 15′

01 Sep 2008	16° Sag 56′	06 Sep 2009	18° Sag 15′
11 Sep 2008	16° Sag 58′	16 Sep 2009	18° Sag 17′
21 Sep 2008	17° Sag 2′	26 Sep 2009	18° Sag 22′
01 Oct 2008	17° Sag 8′	06 Oct 2009	18° Sag 28′
11 Oct 2008	17° Sag 16′	16 Oct 2009	18° Sag 37′
21 Oct 2008	17° Sag 26′	26 Oct 2009	18° Sag 48′
31 Oct 2008	17° Sag 38′	05 Nov 2009	19° Sag 1′
10 Nov 2008	17° Sag 51′	15 Nov 2009	19° Sag 14′
20 Nov 2008	18° Sag 6′	25 Nov 2009	19° Sag 29′
30 Nov 2008	18° Sag 21′	05 Dec 2009	19° Sag 45′
10 Dec 2008	18° Sag 37′	15 Dec 2009	20° Sag 1′
20 Dec 2008	18° Sag 53′	25 Dec 2009	20° Sag 16′
30 Dec 2008	19° Sag 8′		

2010		2011	
04 Jan 2010	20° Sag 31′	09 Jan 2011	21° Sag 55′
14 Jan 2010	20° Sag 46′	19 Jan 2011	22° Sag 8′
24 Jan 2010	20° Sag 59′	29 Jan 2011	22° Sag 21′
03 Feb 2010	21° Sag 10′	08 Feb 2011	22° Sag 32′
13 Feb 2010	21° Sag 20′	18 Feb 2011	22° Sag 41′
23 Feb 2010	21° Sag 27′	28 Feb 2011	22° Sag 48′
05 Mar 2010	21° Sag 33′	10 Mar 2011	22° Sag 52′
15 Mar 2010	21° Sag 36′	20 Mar 2011	22° Sag 54′
25 Mar 2010	21° Sag 36′	30 Mar 2011	22° Sag 54′
04 Apr 2010	21° Sag 34′	09 Apr 2011	22° Sag 51′
14 Apr 2010	21° Sag 30′	19 Apr 2011	22° Sag 47′
24 Apr 2010	21° Sag 24′	29 Apr 2011	22° Sag 40′
04 May 2010	21° Sag 16′	09 May 2011	22° Sag 31′
14 May 2010	21° Sag 7′	19 May 2011	22° Sag 22′
24 May 2010	20° Sag 56′	29 May 2011	22° Sag 11′
03 Jun 2010	20° Sag 45′	08 Jun 2011	21° Sag 59′
13 Jun 2010	20° Sag 33′	18 Jun 2011	21° Sag 47′
23 Jun 2010	20° Sag 22′	28 Jun 2011	21° Sag 36′
03 Jul 2010	20° Sag 10′	08 Jul 2011	21° Sag 25′
13 Jul 2010	20° Sag 0′	18 Jul 2011	21° Sag 15′
23 Jul 2010	19° Sag 51′	28 Jul 2011	21° Sag 6′
02 Aug 2010	19° Sag 43′	07 Aug 2011	20° Sag 59′
12 Aug 2010	19° Sag 38′	17 Aug 2011	20° Sag 54′
22 Aug 2010	19° Sag 34′	27 Aug 2011	20° Sag 51′
01 Sep 2010	19° Sag 32′	06 Sep 2011	20° Sag 50′
11 Sep 2010	19° Sag 33′	16 Sep 2011	20° Sag 52′
21 Sep 2010	19° Sag 36′	26 Sep 2011	20° Sag 56′
01 Oct 2010	19° Sag 42′	06 Oct 2011	21° Sag 2′
11 Oct 2010	19° Sag 49′	16 Oct 2011	21° Sag 10′
21 Oct 2010	19° Sag 59′	26 Oct 2011	21° Sag 21′
31 Oct 2010	20° Sag 10′	05 Nov 2011	21° Sag 33′
10 Nov 2010	20° Sag 23′	15 Nov 2011	21° Sag 46′
20 Nov 2010	20° Sag 38′	25 Nov 2011	22° Sag 1′
30 Nov 2010	20° Sag 53′	05 Dec 2011	22° Sag 16′
10 Dec 2010	21° Sag 8′	15 Dec 2011	22° Sag 32′
20 Dec 2010	21° Sag 24′	25 Dec 2011	22° Sag 48′
30 Dec 2010	21° Sag 40′		

2012	
04 Jan 2012	23° Sag 3′
14 Jan 2012	23° Sag 18′
24 Jan 2012	23° Sag 31′
03 Feb 2012	23° Sag 43′
13 Feb 2012	23° Sag 53′
23 Feb 2012	24° Sag 2′
04 Mar 2012	24° Sag 8′
14 Mar 2012	24° Sag 11′
24 Mar 2012	24° Sag 13′
03 Apr 2012	24° Sag 12′
13 Apr 2012	24° Sag 8′
23 Apr 2012	24° Sag 3′
03 May 2012	23° Sag 55′
13 May 2012	23° Sag 46′
23 May 2012	23° Sag 36′
02 Jun 2012	23° Sag 25′
12 Jun 2012	23° Sag 13′
22 Jun 2012	23° Sag 2′
02 Jul 2012	22° Sag 50′
12 Jul 2012	22° Sag 40′
22 Jul 2012	22° Sag 30′
01 Aug 2012	22° Sag 22′
11 Aug 2012	22° Sag 15′
21 Aug 2012	22° Sag 11′
31 Aug 2012	22° Sag 9′
10 Sep 2012	22° Sag 9′
20 Sep 2012	22° Sag 11′
30 Sep 2012	22° Sag 16′
10 Oct 2012	22° Sag 23′
20 Oct 2012	22° Sag 32′
30 Oct 2012	22° Sag 43′
09 Nov 2012	22° Sag 55′
19 Nov 2012	23° Sag 9′
29 Nov 2012	23° Sag 24′
09 Dec 2012	23° Sag 40′
19 Dec 2012	23° Sag 56′
29 Dec 2012	24° Sag 11′

2013	
08 Jan 2013	24° Sag 26′
18 Jan 2013	24° Sag 41′
28 Jan 2013	24° Sag 54′
07 Feb 2013	25° Sag 5′
17 Feb 2013	25° Sag 15′
27 Feb 2013	25° Sag 22′
09 Mar 2013	25° Sag 28′
19 Mar 2013	25° Sag 30′
29 Mar 2013	25° Sag 31′
08 Apr 2013	25° Sag 29′
18 Apr 2013	25° Sag 25′
28 Apr 2013	25° Sag 19′
08 May 2013	25° Sag 11′
18 May 2013	25° Sag 1′
28 May 2013	24° Sag 51′
07 Jun 2013	24° Sag 39′
17 Jun 2013	24° Sag 28′
27 Jun 2013	24° Sag 16′
07 Jul 2013	24° Sag 5′
17 Jul 2013	23° Sag 54′
27 Jul 2013	23° Sag 45′
06 Aug 2013	23° Sag 38′
16 Aug 2013	23° Sag 32′
26 Aug 2013	23° Sag 28′
05 Sep 2013	23° Sag 27′
15 Sep 2013	23° Sag 28′
25 Sep 2013	23° Sag 31′
05 Oct 2013	23° Sag 36′
15 Oct 2013	23° Sag 44′
25 Oct 2013	23° Sag 54′
04 Nov 2013	24° Sag 5′
14 Nov 2013	24° Sag 18′
24 Nov 2013	24° Sag 33′
04 Dec 2013	24° Sag 48′
14 Dec 2013	25° Sag 4′
24 Dec 2013	25° Sag 19′

2014	
03 Jan 2014	25° Sag 35′
13 Jan 2014	25° Sag 50′
23 Jan 2014	26° Sag 4′
02 Feb 2014	26° Sag 16′
12 Feb 2014	26° Sag 27′
22 Feb 2014	26° Sag 36′
04 Mar 2014	26° Sag 43′
14 Mar 2014	26° Sag 47′
24 Mar 2014	26° Sag 49′
03 Apr 2014	26° Sag 49′
13 Apr 2014	26° Sag 46′

2015	
08 Jan 2015	26° Sag 59′
18 Jan 2015	27° Sag 13′
28 Jan 2015	27° Sag 27′
07 Feb 2015	27° Sag 39′
17 Feb 2015	27° Sag 49′
27 Feb 2015	27° Sag 57′
09 Mar 2015	28° Sag 3′
19 Mar 2015	28° Sag 7′
29 Mar 2015	28° Sag 8′
08 Apr 2015	28° Sag 7′
18 Apr 2015	28° Sag 3′

23 Apr 2014	26° Sag 41′	28 Apr 2015	27° Sag 58′
03 May 2014	26° Sag 35′	08 May 2015	27° Sag 50′
13 May 2014	26° Sag 26′	18 May 2015	27° Sag 41′
23 May 2014	26° Sag 16′	28 May 2015	27° Sag 31′
02 Jun 2014	26° Sag 5′	07 Jun 2015	27° Sag 20′
12 Jun 2014	25° Sag 54′	17 Jun 2015	27° Sag 8′
22 Jun 2014	25° Sag 42′	27 Jun 2015	26° Sag 57′
02 Jul 2014	25° Sag 30′	07 Jul 2015	26° Sag 45′
12 Jul 2014	25° Sag 19′	17 Jul 2015	26° Sag 34′
22 Jul 2014	25° Sag 9′	27 Jul 2015	26° Sag 25′
01 Aug 2014	25° Sag 1′	06 Aug 2015	26° Sag 17′
11 Aug 2014	24° Sag 54′	16 Aug 2015	26° Sag 10′
21 Aug 2014	24° Sag 49′	26 Aug 2015	26° Sag 6′
31 Aug 2014	24° Sag 46′	05 Sep 2015	26° Sag 4′
10 Sep 2014	24° Sag 45′	15 Sep 2015	26° Sag 4′
20 Sep 2014	24° Sag 47′	25 Sep 2015	26° Sag 6′
30 Sep 2014	24° Sag 51′	05 Oct 2015	26° Sag 11′
10 Oct 2014	24° Sag 57′	15 Oct 2015	26° Sag 18′
20 Oct 2014	25° Sag 5′	25 Oct 2015	26° Sag 27′
30 Oct 2014	25° Sag 16′	04 Nov 2015	26° Sag 38′
09 Nov 2014	25° Sag 28′	14 Nov 2015	26° Sag 51′
19 Nov 2014	25° Sag 41′	24 Nov 2015	27° Sag 5′
29 Nov 2014	25° Sag 56′	04 Dec 2015	27° Sag 20′
09 Dec 2014	26° Sag 12′	14 Dec 2015	27° Sag 36′
19 Dec 2014	26° Sag 27′	24 Dec 2015	27° Sag 52′
29 Dec 2014	26° Sag 43′		

2016		2017	
03 Jan 2016	28° Sag 7′	07 Jan 2017	29° Sag 32′
13 Jan 2016	28° Sag 23′	17 Jan 2017	29° Sag 47′
23 Jan 2016	28° Sag 37′	27 Jan 2017	0° Cap 0′
02 Feb 2016	28° Sag 50′	06 Feb 2017	0° Cap 13′
12 Feb 2016	29° Sag 1′	16 Feb 2017	0° Cap 24′
22 Feb 2016	29° Sag 11′	26 Feb 2017	0° Cap 33′
03 Mar 2016	29° Sag 18′	08 Mar 2017	0° Cap 39′
13 Mar 2016	29° Sag 23′	18 Mar 2017	0° Cap 44′
23 Mar 2016	29° Sag 26′	28 Mar 2017	0° Cap 46′
02 Apr 2016	29° Sag 27′	07 Apr 2017	0° Cap 45′
12 Apr 2016	29° Sag 25′	17 Apr 2017	0° Cap 43′
22 Apr 2016	29° Sag 21′	27 Apr 2017	0° Cap 38′
02 May 2016	29° Sag 14′	07 May 2017	0° Cap 31′
12 May 2016	29° Sag 6′	17 May 2017	0° Cap 22′
22 May 2016	28° Sag 57′	27 May 2017	0° Cap 12′
01 Jun 2016	28° Sag 46′	06 Jun 2017	0° Cap 1′
11 Jun 2016	28° Sag 35′	16 Jun 2017	29° Sag 50′
21 Jun 2016	28° Sag 23′	26 Jun 2017	29° Sag 38′
01 Jul 2016	28° Sag 11′	06 Jul 2017	29° Sag 26′
11 Jul 2016	28° Sag 0′	16 Jul 2017	29° Sag 16′
21 Jul 2016	27° Sag 50′	26 Jul 2017	29° Sag 6′
31 Jul 2016	27° Sag 41′	05 Aug 2017	28° Sag 57′
10 Aug 2016	27° Sag 33′	15 Aug 2017	28° Sag 50′
20 Aug 2016	27° Sag 27′	25 Aug 2017	28° Sag 45′

30 Aug 2016	27° Sag 24′
09 Sep 2016	27° Sag 22′
19 Sep 2016	27° Sag 23′
29 Sep 2016	27° Sag 27′
09 Oct 2016	27° Sag 32′
19 Oct 2016	27° Sag 40′
29 Oct 2016	27° Sag 50′
08 Nov 2016	28° Sag 1′
18 Nov 2016	28° Sag 15′
28 Nov 2016	28° Sag 29′
08 Dec 2016	28° Sag 44′
18 Dec 2016	29° Sag 0′
28 Dec 2016	29° Sag 16′

04 Sep 2017	28° Sag 42′
14 Sep 2017	28° Sag 41′
24 Sep 2017	28° Sag 43′
04 Oct 2017	28° Sag 47′
14 Oct 2017	28° Sag 54′
24 Oct 2017	29° Sag 2′
03 Nov 2017	29° Sag 13′
13 Nov 2017	29° Sag 25′
23 Nov 2017	29° Sag 38′
03 Dec 2017	29° Sag 53′
13 Dec 2017	0° Cap 9′
23 Dec 2017	0° Cap 25′

2018	
02 Jan 2018	0° Cap 41′
12 Jan 2018	0° Cap 56′
22 Jan 2018	1° Cap 11′
01 Feb 2018	1° Cap 24′
11 Feb 2018	1° Cap 36′
21 Feb 2018	1° Cap 46′
03 Mar 2018	1° Cap 54′
13 Mar 2018	2° Cap 0′
23 Mar 2018	2° Cap 4′
02 Apr 2018	2° Cap 5′
12 Apr 2018	2° Cap 4′
22 Apr 2018	2° Cap 0′
02 May 2018	1° Cap 55′
12 May 2018	1° Cap 47′
22 May 2018	1° Cap 38′
01 Jun 2018	1° Cap 28′
11 Jun 2018	1° Cap 17′
21 Jun 2018	1° Cap 5′
01 Jul 2018	0° Cap 53′
11 Jul 2018	0° Cap 42′
21 Jul 2018	0° Cap 31′
31 Jul 2018	0° Cap 22′
10 Aug 2018	0° Cap 14′
20 Aug 2018	0° Cap 7′
30 Aug 2018	0° Cap 3′
09 Sep 2018	0° Cap 1′
19 Sep 2018	0° Cap 1′
29 Sep 2018	0° Cap 4′
09 Oct 2018	0° Cap 8′
19 Oct 2018	0° Cap 16′
29 Oct 2018	0° Cap 25′
08 Nov 2018	0° Cap 36′
18 Nov 2018	0° Cap 49′
28 Nov 2018	1° Cap 3′
08 Dec 2018	1° Cap 18′
18 Dec 2018	1° Cap 34′
28 Dec 2018	1° Cap 50′

2019	
07 Jan 2019	2° Cap 5′
17 Jan 2019	2° Cap 21′
27 Jan 2019	2° Cap 35′
06 Feb 2019	2° Cap 48′
16 Feb 2019	2° Cap 59′
26 Feb 2019	3° Cap 9′
08 Mar 2019	3° Cap 16′
18 Mar 2019	3° Cap 21′
28 Mar 2019	3° Cap 24′
07 Apr 2019	3° Cap 24′
17 Apr 2019	3° Cap 22′
27 Apr 2019	3° Cap 18′
07 May 2019	3° Cap 12′
17 May 2019	3° Cap 4′
27 May 2019	2° Cap 55′
06 Jun 2019	2° Cap 44′
16 Jun 2019	2° Cap 32′
26 Jun 2019	2° Cap 21′
06 Jul 2019	2° Cap 9′
16 Jul 2019	1° Cap 58′
26 Jul 2019	1° Cap 47′
05 Aug 2019	1° Cap 38′
15 Aug 2019	1° Cap 31′
25 Aug 2019	1° Cap 25′
04 Sep 2019	1° Cap 21′
14 Sep 2019	1° Cap 20′
24 Sep 2019	1° Cap 21′
04 Oct 2019	1° Cap 24′
14 Oct 2019	1° Cap 30′
24 Oct 2019	1° Cap 38′
03 Nov 2019	1° Cap 48′
13 Nov 2019	2° Cap 0′
23 Nov 2019	2° Cap 13′
03 Dec 2019	2° Cap 27′
13 Dec 2019	2° Cap 43′
23 Dec 2019	2° Cap 59′

2020	2021
02 Jan 2020 3° Cap 15′	06 Jan 2021 4° Cap 40′
12 Jan 2020 3° Cap 30′	16 Jan 2021 4° Cap 55′
22 Jan 2020 3° Cap 45′	26 Jan 2021 5° Cap 10′
01 Feb 2020 3° Cap 59′	05 Feb 2021 5° Cap 23′
11 Feb 2020 4° Cap 12′	15 Feb 2021 5° Cap 35′
21 Feb 2020 4° Cap 22′	25 Feb 2021 5° Cap 45′
02 Mar 2020 4° Cap 31′	07 Mar 2021 5° Cap 54′
12 Mar 2020 4° Cap 38′	17 Mar 2021 5° Cap 59′
22 Mar 2020 4° Cap 42′	27 Mar 2021 6° Cap 3′
01 Apr 2020 4° Cap 44′	06 Apr 2021 6° Cap 4′
11 Apr 2020 4° Cap 44′	16 Apr 2021 6° Cap 3′
21 Apr 2020 4° Cap 41′	26 Apr 2021 5° Cap 59′
01 May 2020 4° Cap 36′	06 May 2021 5° Cap 54′
11 May 2020 4° Cap 29′	16 May 2021 5° Cap 46′
21 May 2020 4° Cap 21′	26 May 2021 5° Cap 37′
31 May 2020 4° Cap 11′	05 Jun 2021 5° Cap 27′
10 Jun 2020 4° Cap 0′	15 Jun 2021 5° Cap 16′
20 Jun 2020 3° Cap 48′	25 Jun 2021 5° Cap 4′
30 Jun 2020 3° Cap 36′	05 Jul 2021 4° Cap 52′
10 Jul 2020 3° Cap 25′	15 Jul 2021 4° Cap 41′
20 Jul 2020 3° Cap 14′	25 Jul 2021 4° Cap 30′
30 Jul 2020 3° Cap 4′	04 Aug 2021 4° Cap 20′
09 Aug 2020 2° Cap 55′	14 Aug 2021 4° Cap 12′
19 Aug 2020 2° Cap 48′	24 Aug 2021 4° Cap 6′
29 Aug 2020 2° Cap 43′	03 Sep 2021 4° Cap 2′
08 Sep 2020 2° Cap 40′	13 Sep 2021 4° Cap 0′
18 Sep 2020 2° Cap 40′	23 Sep 2021 4° Cap 0′
28 Sep 2020 2° Cap 42′	03 Oct 2021 4° Cap 3′
08 Oct 2020 2° Cap 46′	13 Oct 2021 4° Cap 8′
18 Oct 2020 2° Cap 52′	23 Oct 2021 4° Cap 15′
28 Oct 2020 3° Cap 1′	02 Nov 2021 4° Cap 24′
07 Nov 2020 3° Cap 11′	12 Nov 2021 4° Cap 35′
17 Nov 2020 3° Cap 24′	22 Nov 2021 4° Cap 48′
27 Nov 2020 3° Cap 37′	02 Dec 2021 5° Cap 2′
07 Dec 2020 3° Cap 52′	12 Dec 2021 5° Cap 17′
17 Dec 2020 4° Cap 8′	22 Dec 2021 5° Cap 33′
27 Dec 2020 4° Cap 24′	

2022	2023
01 Jan 2022 5° Cap 49′	06 Jan 2023 7° Cap 15′
11 Jan 2022 6° Cap 5′	16 Jan 2023 7° Cap 30′
21 Jan 2022 6° Cap 20′	26 Jan 2023 7° Cap 45′
31 Jan 2022 6° Cap 35′	05 Feb 2023 7° Cap 59′
10 Feb 2022 6° Cap 48′	15 Feb 2023 8° Cap 12′
20 Feb 2022 6° Cap 59′	25 Feb 2023 8° Cap 22′
02 Mar 2022 7° Cap 8′	07 Mar 2023 8° Cap 31′
12 Mar 2022 7° Cap 16′	17 Mar 2023 8° Cap 38′
22 Mar 2022 7° Cap 21′	27 Mar 2023 8° Cap 42′
01 Apr 2022 7° Cap 24′	06 Apr 2023 8° Cap 44′
11 Apr 2022 7° Cap 24′	16 Apr 2023 8° Cap 43′

Date	Position
21 Apr 2022	7° Cap 22′
01 May 2022	7° Cap 18′
11 May 2022	7° Cap 11′
21 May 2022	7° Cap 3′
31 May 2022	6° Cap 54′
10 Jun 2022	6° Cap 43′
20 Jun 2022	6° Cap 32′
30 Jun 2022	6° Cap 20′
10 Jul 2022	6° Cap 8′
20 Jul 2022	5° Cap 57′
30 Jul 2022	5° Cap 46′
09 Aug 2022	5° Cap 37′
19 Aug 2022	5° Cap 30′
29 Aug 2022	5° Cap 24′
08 Sep 2022	5° Cap 21′
18 Sep 2022	5° Cap 19′
28 Sep 2022	5° Cap 20′
08 Oct 2022	5° Cap 24′
18 Oct 2022	5° Cap 30′
28 Oct 2022	5° Cap 37′
07 Nov 2022	5° Cap 48′
17 Nov 2022	5° Cap 59′
27 Nov 2022	6° Cap 13′
07 Dec 2022	6° Cap 27′
17 Dec 2022	6° Cap 43′
27 Dec 2022	6° Cap 59′

Date	Position
26 Apr 2023	8° Cap 41′
06 May 2023	8° Cap 36′
16 May 2023	8° Cap 29′
26 May 2023	8° Cap 20′
05 Jun 2023	8° Cap 10′
15 Jun 2023	7° Cap 59′
25 Jun 2023	7° Cap 48′
05 Jul 2023	7° Cap 36′
15 Jul 2023	7° Cap 24′
25 Jul 2023	7° Cap 13′
04 Aug 2023	7° Cap 3′
14 Aug 2023	6° Cap 55′
24 Aug 2023	6° Cap 48′
03 Sep 2023	6° Cap 43′
13 Sep 2023	6° Cap 40′
23 Sep 2023	6° Cap 39′
03 Oct 2023	6° Cap 41′
13 Oct 2023	6° Cap 45′
23 Oct 2023	6° Cap 52′
02 Nov 2023	7° Cap 1′
12 Nov 2023	7° Cap 11′
22 Nov 2023	7° Cap 24′
02 Dec 2023	7° Cap 37′
12 Dec 2023	7° Cap 52′
22 Dec 2023	8° Cap 8′

2024

Date	Position
01 Jan 2024	8° Cap 24′
11 Jan 2024	8° Cap 40′
21 Jan 2024	8° Cap 55′
31 Jan 2024	9° Cap 10′
10 Feb 2024	9° Cap 24′
20 Feb 2024	9° Cap 36′
01 Mar 2024	9° Cap 46′
11 Mar 2024	9° Cap 54′
21 Mar 2024	10° Cap 0′
31 Mar 2024	10° Cap 3′
10 Apr 2024	10° Cap 4′
20 Apr 2024	10° Cap 3′
30 Apr 2024	9° Cap 59′
10 May 2024	9° Cap 54′
20 May 2024	9° Cap 46′
30 May 2024	9° Cap 37′
09 Jun 2024	9° Cap 27′
19 Jun 2024	9° Cap 15′
29 Jun 2024	9° Cap 4′
09 Jul 2024	8° Cap 52′
19 Jul 2024	8° Cap 40′
29 Jul 2024	8° Cap 30′
08 Aug 2024	8° Cap 20′
18 Aug 2024	8° Cap 12′

2025

Date	Position
05 Jan 2025	9° Cap 50′
15 Jan 2025	10° Cap 5′
25 Jan 2025	10° Cap 21′
04 Feb 2025	10° Cap 35′
14 Feb 2025	10° Cap 48′
24 Feb 2025	10° Cap 59′
06 Mar 2025	11° Cap 9′
16 Mar 2025	11° Cap 16′
26 Mar 2025	11° Cap 21′
05 Apr 2025	11° Cap 24′
15 Apr 2025	11° Cap 24′
25 Apr 2025	11° Cap 22′
05 May 2025	11° Cap 18′
15 May 2025	11° Cap 11′
25 May 2025	11° Cap 3′
04 Jun 2025	10° Cap 54′
14 Jun 2025	10° Cap 43′
24 Jun 2025	10° Cap 31′
04 Jul 2025	10° Cap 20′
14 Jul 2025	10° Cap 8′
24 Jul 2025	9° Cap 57′
03 Aug 2025	9° Cap 46′
13 Aug 2025	9° Cap 37′
23 Aug 2025	9° Cap 30′

28 Aug 2024	8° Cap 6′	02 Sep 2025	9° Cap 24
07 Sep 2024	8° Cap 1′	12 Sep 2025	9° Cap 20′
17 Sep 2024	7° Cap 59′	22 Sep 2025	9° Cap 19′
27 Sep 2024	8° Cap 0′	02 Oct 2025	9° Cap 20′
07 Oct 2024	8° Cap 2′	12 Oct 2025	9° Cap 24′
17 Oct 2024	8° Cap 7′	22 Oct 2025	9° Cap 29′
27 Oct 2024	8° Cap 15′	01 Nov 2025	9° Cap 37′
06 Nov 2024	8° Cap 24′	11 Nov 2025	9° Cap 48′
16 Nov 2024	8° Cap 35′	21 Nov 2025	9° Cap 59′
26 Nov 2024	8° Cap 48′	01 Dec 2025	10° Cap 13′
06 Dec 2024	9° Cap 2′	11 Dec 2025	10° Cap 28′
16 Dec 2024	9° Cap 18′	21 Dec 2025	10° Cap 43′
26 Dec 2024	9° Cap 33′	31 Dec 2025	10° Cap 59′

2026		2027	
10 Jan 2026	11° Cap 15′	05 Jan 2027	12° Cap 25′
20 Jan 2026	11° Cap 31′	15 Jan 2027	12° Cap 41′
30 Jan 2026	11° Cap 46′	25 Jan 2027	12° Cap 56′
09 Feb 2026	12° Cap 0′	04 Feb 2027	13° Cap 11′
19 Feb 2026	12° Cap 12′	14 Feb 2027	13° Cap 24′
01 Mar 2026	12° Cap 23′	24 Feb 2027	13° Cap 36′
11 Mar 2026	12° Cap 32′	06 Mar 2027	13° Cap 46′
21 Mar 2026	12° Cap 38′	16 Mar 2027	13° Cap 54′
31 Mar 2026	12° Cap 42′	26 Mar 2027	14° Cap 0′
10 Apr 2026	12° Cap 44′	05 Apr 2027	14° Cap 4′
20 Apr 2026	12° Cap 44′	15 Apr 2027	14° Cap 5′
30 Apr 2026	12° Cap 41′	25 Apr 2027	14° Cap 3′
10 May 2026	12° Cap 36′	05 May 2027	14° Cap 0′
20 May 2026	12° Cap 29′	15 May 2027	13° Cap 54′
30 May 2026	12° Cap 20′	25 May 2027	13° Cap 46′
09 Jun 2026	12° Cap 10′	04 Jun 2027	13° Cap 37′
19 Jun 2026	11° Cap 59′	14 Jun 2027	13° Cap 27′
29 Jun 2026	11° Cap 48′	24 Jun 2027	13° Cap 16′
09 Jul 2026	11° Cap 36′	04 Jul 2027	13° Cap 4′
19 Jul 2026	11° Cap 24′	14 Jul 2027	12° Cap 52′
29 Jul 2026	11° Cap 13′	24 Jul 2027	12° Cap 40′
08 Aug 2026	11° Cap 3′	03 Aug 2027	12° Cap 30′
18 Aug 2026	10° Cap 54′	13 Aug 2027	12° Cap 20′
28 Aug 2026	10° Cap 47′	23 Aug 2027	12° Cap 12′
07 Sep 2026	10° Cap 43′	02 Sep 2027	12° Cap 6′
17 Sep 2026	10° Cap 40′	12 Sep 2027	12° Cap 2′
27 Sep 2026	10° Cap 39′	22 Sep 2027	12° Cap 0′
07 Oct 2026	10° Cap 41′	02 Oct 2027	12° Cap 0′
17 Oct 2026	10° Cap 45′	12 Oct 2027	12° Cap 3′
27 Oct 2026	10° Cap 52′	22 Oct 2027	12° Cap 8′
06 Nov 2026	11° Cap 1′	01 Nov 2027	12° Cap 15′
16 Nov 2026	11° Cap 12′	11 Nov 2027	12° Cap 25′
26 Nov 2026	11° Cap 24′	21 Nov 2027	12° Cap 36′
06 Dec 2026	11° Cap 38′	01 Dec 2027	12° Cap 49′
16 Dec 2026	11° Cap 53′	11 Dec 2027	13° Cap 3′
26 Dec 2026	12° Cap 9′	21 Dec 2027	13° Cap 19′
		31 Dec 2027	13° Cap 34′

2028	
10 Jan 2028	13° Cap 51′
20 Jan 2028	14° Cap 6′
30 Jan 2028	14° Cap 22′
09 Feb 2028	14° Cap 36′
19 Feb 2028	14° Cap 49′
29 Feb 2028	15° Cap 0′
10 Mar 2028	15° Cap 10′
20 Mar 2028	15° Cap 17′
30 Mar 2028	15° Cap 22′
09 Apr 2028	15° Cap 25′
19 Apr 2028	15° Cap 25′
29 Apr 2028	15° Cap 23′
09 May 2028	15° Cap 18′
19 May 2028	15° Cap 12′
29 May 2028	15° Cap 4′
08 Jun 2028	14° Cap 54′
18 Jun 2028	14° Cap 44′
28 Jun 2028	14° Cap 32′
08 Jul 2028	14° Cap 20′
18 Jul 2028	14° Cap 8′
28 Jul 2028	13° Cap 57′
07 Aug 2028	13° Cap 47′
17 Aug 2028	13° Cap 38′
27 Aug 2028	13° Cap 30′
06 Sep 2028	13° Cap 25′
16 Sep 2028	13° Cap 21′
26 Sep 2028	13° Cap 20′
06 Oct 2028	13° Cap 21′
16 Oct 2028	13° Cap 24′
26 Oct 2028	13° Cap 30′
05 Nov 2028	13° Cap 38′
15 Nov 2028	13° Cap 49′
25 Nov 2028	14° Cap 1′
05 Dec 2028	14° Cap 14′
15 Dec 2028	14° Cap 29′
25 Dec 2028	14° Cap 44′

2029	
04 Jan 2029	15° Cap 0′
14 Jan 2029	15° Cap 17′
24 Jan 2029	15° Cap 32′
03 Feb 2029	15° Cap 47′
13 Feb 2029	16° Cap 1′
23 Feb 2029	16° Cap 14′
05 Mar 2029	16° Cap 24′
15 Mar 2029	16° Cap 33′
25 Mar 2029	16° Cap 39′
04 Apr 2029	16° Cap 44′
14 Apr 2029	16° Cap 46′
24 Apr 2029	16° Cap 45′
04 May 2029	16° Cap 42′
14 May 2029	16° Cap 37′
24 May 2029	16° Cap 30′
03 Jun 2029	16° Cap 21′
13 Jun 2029	16° Cap 11′
23 Jun 2029	16° Cap 0′
03 Jul 2029	15° Cap 49′
13 Jul 2029	15° Cap 37′
23 Jul 2029	15° Cap 25′
02 Aug 2029	15° Cap 14′
12 Aug 2029	15° Cap 4′
22 Aug 2029	14° Cap 55′
01 Sep 2029	14° Cap 49′
11 Sep 2029	14° Cap 44′
21 Sep 2029	14° Cap 41′
01 Oct 2029	14° Cap 40′
11 Oct 2029	14° Cap 42′
21 Oct 2029	14° Cap 47′
31 Oct 2029	14° Cap 53′
10 Nov 2029	15° Cap 2′
20 Nov 2029	15° Cap 13′
30 Nov 2029	15° Cap 26′
10 Dec 2029	15° Cap 40′
20 Dec 2029	15° Cap 55′
30 Dec 2029	16° Cap 11′

2030	
09 Jan 2030	16° Cap 27′
19 Jan 2030	16° Cap 43′
29 Jan 2030	16° Cap 58′
08 Feb 2030	17° Cap 13′
18 Feb 2030	17° Cap 26′
28 Feb 2030	17° Cap 38′
10 Mar 2030	17° Cap 48′
20 Mar 2030	17° Cap 56′
30 Mar 2030	18° Cap 2′
09 Apr 2030	18° Cap 5′
19 Apr 2030	18° Cap 6′

2031	
04 Jan 2031	17° Cap 37′
14 Jan 2031	17° Cap 53′
24 Jan 2031	18° Cap 9′
03 Feb 2031	18° Cap 24′
13 Feb 2031	18° Cap 38′
23 Feb 2031	18° Cap 51′
05 Mar 2031	19° Cap 3′
15 Mar 2031	19° Cap 12′
25 Mar 2031	19° Cap 19′
04 Apr 2031	19° Cap 24′
14 Apr 2031	19° Cap 27′

29 Apr 2030	18° Cap 5′		24 Apr 2031	19° Cap 27′
09 May 2030	18° Cap 1′		04 May 2031	19° Cap 25′
19 May 2030	17° Cap 56′		14 May 2031	19° Cap 21′
29 May 2030	17° Cap 48′		24 May 2031	19° Cap 14′
08 Jun 2030	17° Cap 39′		03 Jun 2031	19° Cap 6′
18 Jun 2030	17° Cap 28′		13 Jun 2031	18° Cap 56′
28 Jun 2030	17° Cap 17′		23 Jun 2031	18° Cap 46′
08 Jul 2030	17° Cap 5′		03 Jul 2031	18° Cap 34′
18 Jul 2030	16° Cap 54′		13 Jul 2031	18° Cap 22′
28 Jul 2030	16° Cap 42′		23 Jul 2031	18° Cap 10′
07 Aug 2030	16° Cap 31′		02 Aug 2031	17° Cap 59′
17 Aug 2030	16° Cap 22′		12 Aug 2031	17° Cap 49′
27 Aug 2030	16° Cap 14′		22 Aug 2031	17° Cap 40′
06 Sep 2030	16° Cap 7′		01 Sep 2031	17° Cap 32′
16 Sep 2030	16° Cap 3′		11 Sep 2031	17° Cap 27′
26 Sep 2030	16° Cap 1′		21 Sep 2031	17° Cap 23′
06 Oct 2030	16° Cap 2′		01 Oct 2031	17° Cap 22′
16 Oct 2030	16° Cap 4′		11 Oct 2031	17° Cap 23′
26 Oct 2030	16° Cap 10′		21 Oct 2031	17° Cap 27′
05 Nov 2030	16° Cap 17′		31 Oct 2031	17° Cap 33′
15 Nov 2030	16° Cap 27′		10 Nov 2031	17° Cap 41′
25 Nov 2030	16° Cap 38′		20 Nov 2031	17° Cap 51′
05 Dec 2030	16° Cap 51′		30 Nov 2031	18° Cap 3′
15 Dec 2030	17° Cap 5′		10 Dec 2031	18° Cap 17′
25 Dec 2030	17° Cap 21′		20 Dec 2031	18° Cap 32′
			30 Dec 2031	18° Cap 47′
2032			**2033**	
09 Jan 2032	19° Cap 3′		03 Jan 2033	20° Cap 14′
19 Jan 2032	19° Cap 19′		13 Jan 2033	20° Cap 30′
29 Jan 2032	19° Cap 35′		23 Jan 2033	20° Cap 46′
08 Feb 2032	19° Cap 50′		02 Feb 2033	21° Cap 1′
18 Feb 2032	20° Cap 4′		12 Feb 2033	21° Cap 16′
28 Feb 2032	20° Cap 16′		22 Feb 2033	21° Cap 29′
09 Mar 2032	20° Cap 27′		04 Mar 2033	21° Cap 41′
19 Mar 2032	20° Cap 36′		14 Mar 2033	21° Cap 51′
29 Mar 2032	20° Cap 42′		24 Mar 2033	21° Cap 59′
08 Apr 2032	20° Cap 46′		03 Apr 2033	22° Cap 5′
18 Apr 2032	20° Cap 48′		13 Apr 2033	22° Cap 8′
28 Apr 2032	20° Cap 48′		23 Apr 2033	22° Cap 9′
08 May 2032	20° Cap 45′		03 May 2033	22° Cap 8′
18 May 2032	20° Cap 40′		13 May 2033	22° Cap 4′
28 May 2032	20° Cap 33′		23 May 2033	21° Cap 59′
07 Jun 2032	20° Cap 24′		02 Jun 2033	21° Cap 51′
17 Jun 2032	20° Cap 14′		12 Jun 2033	21° Cap 42′
27 Jun 2032	20° Cap 3′		22 Jun 2033	21° Cap 31′
07 Jul 2032	19° Cap 51′		02 Jul 2033	21° Cap 20′
17 Jul 2032	19° Cap 39′		12 Jul 2033	21° Cap 8′
27 Jul 2032	19° Cap 28′		22 Jul 2033	20° Cap 56′
06 Aug 2032	19° Cap 17′		01 Aug 2033	20° Cap 45′
16 Aug 2032	19° Cap 7′		11 Aug 2033	20° Cap 34′
26 Aug 2032	18° Cap 58′		21 Aug 2033	20° Cap 24′

05 Sep 2032	18° Cap 51′		31 Aug 2033	20° Cap 16′
15 Sep 2032	18° Cap 46′		10 Sep 2033	20° Cap 10′
25 Sep 2032	18° Cap 43′		20 Sep 2033	20° Cap 6′
05 Oct 2032	18° Cap 43′		30 Sep 2033	20° Cap 4′
15 Oct 2032	18° Cap 45′		10 Oct 2033	20° Cap 4′
25 Oct 2032	18° Cap 49′		20 Oct 2033	20° Cap 7′
04 Nov 2032	18° Cap 56′		30 Oct 2033	20° Cap 12′
14 Nov 2032	19° Cap 5′		09 Nov 2033	20° Cap 20′
24 Nov 2032	19° Cap 16′		19 Nov 2033	20° Cap 30′
04 Dec 2032	19° Cap 29′		29 Nov 2033	20° Cap 41′
14 Dec 2032	19° Cap 43′		09 Dec 2033	20° Cap 54′
24 Dec 2032	19° Cap 58′		19 Dec 2033	21° Cap 9′
			29 Dec 2033	21° Cap 24′
2034			**2035**	
08 Jan 2034	21° Cap 40′		03 Jan 2035	22° Cap 51′
18 Jan 2034	21° Cap 56′		13 Jan 2035	23° Cap 7′
28 Jan 2034	22° Cap 12′		23 Jan 2035	23° Cap 23′
07 Feb 2034	22° Cap 27′		02 Feb 2035	23° Cap 39′
17 Feb 2034	22° Cap 42′		12 Feb 2035	23° Cap 54′
27 Feb 2034	22° Cap 55′		22 Feb 2035	24° Cap 7′
09 Mar 2034	23° Cap 6′		04 Mar 2035	24° Cap 20′
19 Mar 2034	23° Cap 15′		14 Mar 2035	24° Cap 30′
29 Mar 2034	23° Cap 23′		24 Mar 2035	24° Cap 39′
08 Apr 2034	23° Cap 27′		03 Apr 2035	24° Cap 46′
18 Apr 2034	23° Cap 30′		13 Apr 2035	24° Cap 50′
28 Apr 2034	23° Cap 30′		23 Apr 2035	24° Cap 52′
08 May 2034	23° Cap 28′		03 May 2035	24° Cap 51′
18 May 2034	23° Cap 24′		13 May 2035	24° Cap 48′
28 May 2034	23° Cap 17′		23 May 2035	24° Cap 43′
07 Jun 2034	23° Cap 9′		02 Jun 2035	24° Cap 36′
17 Jun 2034	23° Cap 0′		12 Jun 2035	24° Cap 27′
27 Jun 2034	22° Cap 49′		22 Jun 2035	24° Cap 17′
07 Jul 2034	22° Cap 37′		02 Jul 2035	24° Cap 6′
17 Jul 2034	22° Cap 25′		12 Jul 2035	23° Cap 54′
27 Jul 2034	22° Cap 13′		22 Jul 2035	23° Cap 42′
06 Aug 2034	22° Cap 2′		01 Aug 2035	23° Cap 31′
16 Aug 2034	21° Cap 52′		11 Aug 2035	23° Cap 20′
26 Aug 2034	21° Cap 43′		21 Aug 2035	23° Cap 10′
05 Sep 2034	21° Cap 35′		31 Aug 2035	23° Cap 1′
15 Sep 2034	21° Cap 29′		10 Sep 2035	22° Cap 54′
25 Sep 2034	21° Cap 26′		20 Sep 2035	22° Cap 49′
05 Oct 2034	21° Cap 25′		30 Sep 2035	22° Cap 46′
15 Oct 2034	21° Cap 26′		10 Oct 2035	22° Cap 46′
25 Oct 2034	21° Cap 30′		20 Oct 2035	22° Cap 48′
04 Nov 2034	21° Cap 36′		30 Oct 2035	22° Cap 53′
14 Nov 2034	21° Cap 44′		09 Nov 2035	22° Cap 59′
24 Nov 2034	21° Cap 54′		19 Nov 2035	23° Cap 8′
04 Dec 2034	22° Cap 6′		29 Nov 2035	23° Cap 19′
14 Dec 2034	22° Cap 20′		09 Dec 2035	23° Cap 32′
24 Dec 2034	22° Cap 35′		19 Dec 2035	23° Cap 46′
			29 Dec 2035	24° Cap 1′

2036		
08 Jan 2036	24° Cap 17′	
18 Jan 2036	24° Cap 33′	
28 Jan 2036	24° Cap 49′	
07 Feb 2036	25° Cap 5′	
17 Feb 2036	25° Cap 19′	
27 Feb 2036	25° Cap 33′	
08 Mar 2036	25° Cap 45′	
18 Mar 2036	25° Cap 55′	
28 Mar 2036	26° Cap 3′	
07 Apr 2036	26° Cap 8′	
17 Apr 2036	26° Cap 12′	
27 Apr 2036	26° Cap 13′	
07 May 2036	26° Cap 11′	
17 May 2036	26° Cap 8′	
27 May 2036	26° Cap 2′	
06 Jun 2036	25° Cap 54′	
16 Jun 2036	25° Cap 45′	
26 Jun 2036	25° Cap 35′	
06 Jul 2036	25° Cap 23′	
16 Jul 2036	25° Cap 11′	
26 Jul 2036	24° Cap 59′	
05 Aug 2036	24° Cap 48′	
15 Aug 2036	24° Cap 37′	
25 Aug 2036	24° Cap 27′	
04 Sep 2036	24° Cap 19′	
14 Sep 2036	24° Cap 13′	
24 Sep 2036	24° Cap 9′	
04 Oct 2036	24° Cap 7′	
14 Oct 2036	24° Cap 7′	
24 Oct 2036	24° Cap 10′	
03 Nov 2036	24° Cap 16′	
13 Nov 2036	24° Cap 23′	

EINWEIHUNG IN DIE SPIRITUELLE ASTROLOGIE

Dieses Werk ist ein kompletter Kurs für spirituelle Astrologie und führt sie ein in ihre verborgenen Seiten, die bislang nur geheimen Zirkeln und Eingeweihten bekannt waren.

Vergessen sie alles was sie bislang über Astrologie gehört oder gelesen haben, dieser Kurs kann ihr Weltbild komplett verändern. Lernen sie die Grundtechniken und Grundzusammenhänge des astrologischen Sehens kennen, die sie auf diese Art in keinem anderen Werk auf dem Markt erklärt finden werden!

Jetzt erkennen sie endlich selbst wie Schicksal wirklich entsteht und erhalten den Schlüssel zur Veränderung.

- Überblicken Sie Entwicklungen in Vergangenheit, Gegenwart und Zukunft.

- Entwickeln Sie eine absolut genaue, seherische Menschenkenntnis. Auf den ersten Blick!

- Lernen sie zu erkennen, wie astrologische Konstellationen das Aussehen eines Menschen widerspiegeln! So dass sie sogar ohne Horoskop astrologische Einflüsse treffsicher wahrnehmen können.

- Durchschauen Sie mental Absichten, Gefühle und Gedanken Anderer!

- Empfangen Sie den Schlüssel zur Elementebeherrschung, bestimmen sie dadurch ihr Schicksal bewusst selbst und wirken sie verändernd auf Zustände und Situationen ein.

- Nutzen Sie dieses uralte Wissen, um die Kräfte zu kontrollieren, die Ihr Schicksal bestimmen!

Dieser Kurs legt nicht nur den praktischen Teil offen dar, sondern geht gezielt auf höhere Erkenntnisse ein, die notwendig sind, um Astrologie erfolgreich zu betreiben. Erkennen sie die spirituelle Zusammensetzung des Tierkreises bis hin zu den Urelementen lernen sie anhand von bewusstseinsverändernden Übungen ihr Schicksal bewusst zu beeinflussen und den Rhythmus der Natur zu nutzen, um alles zu erreichen, was sie schon immer erreichen wollten!

Da der Autor auf dem Standpunkt steht, dass dieses Wissen jedem Menschen zugänglich sein sollte, erhalten sie den kompletten Kurs als Buch gebunden

- Beispielhoroskope prominenter Persönlichkeiten
- aktuelle Prognosen
- viele Zeichnungen zur Veranschaulichung

ISBN 3-8311-3279-8
69 € (Inklusive 30 € Gutschein für Astrologiesoftware)

JYOTISH – Geheimnisse der vedischen Astrologie

Erstmals auf dem deutschsprachigen Büchermarkt ein ausführlicher mehrbändiger Kurs über Jyotish, die indische Astrologie. Der Autor suchte auf seinen Reisen durch Indien nach den Weisen und Meistern dieser alten Lehren. Ein Großteil des Wissens aus jahrtausende alten Sanskritschriften wurde entschlüsselt und entpuppte sich dabei als anwendbare Arbeitstechniken, die auf erstaunliche Weise Einblicke in unser Leben ermöglichen. Aus dem Inhalt:

- Einführung in die Erstellung und Deutung von Horoskopen nach altindischen Techniken.
- Funktion und Arbeitsweisen der legendären Palmenblattbibliotheken.
- Erstmals eine wissenschaftlich basierte Darstellung der vedischen Zeitrechnung.

ISBN 3-8311-4741-8

59 € (Inklusive 20 € Gutschein für Astrologiesoftware)

VORBESTELLUNG

Ja, ich möchte registrierter Jyotish-Kursteilnehmer werden und dadurch alle Vorteile genießen. Als registrierter Kursteilnehmer erhalte ich 10% Rabatt auf alle ASTROLOGON Bücher, die ich direkt beim Verlag bestelle! Die folgenden Bände des Jyotishkurses werden mir automatisch frei Haus zugeschickt, sobald diese im Handel erhältlich sind.

GRATIS Für alle registrierten Kursteilnehmer **GRATIS**

Als Dank erhalte ich die Astrologon CD mit der Software Parashara Jyotish.

O Ich erkläre mich damit einverstanden, dass der Kaufpreis nach Erhalt jeweils direkt von meinem Konto abgebucht wird.

Name:
Kto.Nr.:
BLZ:

O Ich zahle jeweils per Nachnahme. Ich weiß, dass ich bei dieser Zahlungsart zusätzlich Nachnahmegebühr zahlen muss.

Sie können diese Vorbestellung auch via Email tätigen! Schreiben sie an Bestellung@astrologon.com teilen sie uns mit, dass sie vorbestellen wollen. Sonst schicken sie den unteren Abschnitt bitte an:

ASTROLOGON VERLAG
Tangstedter Landstr. 24 a

22415 Hamburg

Name: ____________________
Straße: ____________________
Ort: ____________________
Email: ____________________

PARASHARA JYOTISH

Betreten sie mit PARASHARA JYOTISH die Welt der Seher. Mit einer einzigartigen Software, die erstmals die Techniken der altindischen (Jyotish) und der westlichen Astrologie in einem Programm vereinigt!

Betrachten sie die Lebensübersicht in den Dasaperioden, übersichtlich in einer Tabelle mit den jeweiligen Altersangaben und genauen Daten der Phasenwechsel. Planetenstärken werden nach den alten Regeln automatisch berechnet. Auch die detaillierten Unterhoroskope, die im Jyotish Verwendung finden können einzeln oder in einer Tabellenübersicht ausgegeben werden. Verwandeln sie Ihren Computer in eine astrologische Uhr, oder nutzen sie die Zeitstopfunktion für stundenastrologische Forschungen. Parashara Jyotish kommt zusammen mit einem umfangreichen Archiv von Horoskopen prominenter Persönlichkeiten und einschneidender Ereignisse der Menschheit. Nutzen sie ab sofort diese wertvolle Software, um die astrologischen Zyklen beobachten zu können.

• **Vargas**	• **Südindisch**	• **Tagesprogressionen**
• **Vimsottari Dasas**	• **Nordindisch**	• **Kombin**
• **Ashotari Dasas**	• **Kreisdarstellung**	• **Datenbank mit vielen Horoskopen von Prominenten und Ereignissen**
• **Onlinelehrtexte**	• **Astrologische Uhr**	
• **Nakshatras**	• **Zeitstop Funktion**	
• **Thidis**	• **Progressionen**	
• **Muhurta**	• **Progressionsfilm**	
Darstellung	• **Sekundärdirektionen**	• **und viele weitere Funktion**
• **modifizierbar**	• **Tagesprogressionen**	

Parashara Jyotish ist eine ursprüngliche Atarisoftware, die unter Windows mit einem Emoluator läuft!

Gesetze des Chaos
von Michael Meyer

Dieses kleine Büchlein ist das Ergebnis einer astrologischen Studie zum Thema Erdbeben. Der Autor macht deutlich, dass es einen sichtbaren Zusammenhang zwischen Erdbeben und astrologischen Einflüssen im Bezug auf die Koordinaten des Epizentrums gibt. Anhand zahlreicher Beispiele einiger der historisch belegten, größten Naturkatastrophen unserer Welt lernt der Leser, dass das Chaos tatsächlich Gesetze hat.

Zum einen wird auf die naturwissenschaftliche Seite eingegangen zum anderen auf die astrologische. Hierbei soll die Astrologie kein Ersatz für die Erkenntnisse der gegenwärtigen Naturwissenschaften sein, sonder vielmehr ein atemberaubend präzise Ergänzung zur zeitlichen Vorhersage von Erdbebenkatastrophen, die selbstverständlich nur unter den erläuterten geologischen Grundvoraussetzungen möglich sind.

Ein Buch für jeden, der sich über die Funktion der astrologischen Gesetze und ihren Einfluss in der lebenden Natur vergewissern will und eine Revolution für das Denken einiger Astrologiekritiker.

Das Buch enthält außerdem eine ausführliche Prognose über die politische Zukunft der USA!

Deutsche Version A5 108 Seiten
ISBN 3-8311-3538-X 9 €